원서발췌
고대 그리스와 로마의 교육

고전 명작을 읽는 가장 쉬운 길, ‘지식을만드는지식 원서발췌’

축약, 해설, 리라이팅이 아닙니다. 원전의 핵심 내용을 문장 그대로 가져옵니다. 작품의 오리지낼리티를 가감 없이 느낄 수 있습니다.
두껍고 읽기 어려워 책장을 덮어 버리곤 했던 고전을 발췌합니다. 해당 작품을 연구한 전문가가 작품의 정수를 가려 뽑아냅니다. 핵심만 읽기 때문에 더 빠르게 더 많은 고전을 읽을 수 있습니다. 제외된 부분은 중간중간 친절하게 요약 설명합니다. 풍부한 해설과 주석으로 전체 내용을 파악하는 데 무리가 없습니다. 정확한 번역, 적절한 윤문으로 10대에서 80대까지 누구나 쉽게 읽을 수 있습니다. 콤팩트한 사이즈와 분량이므로 간편하게 휴대할 수 있습니다. 수천 쪽의 고전을 발췌된 내용으로 읽고도 전체 의미를 파악할 수 있는 것이 지식을만드는지식 원서발췌의 매직입니다. 발췌율은 표지에 표시하고 발췌 방법은 일러두기에 상세히 밝힙니다.
고전 독자를 발췌 읽기에서 완역 읽기로, 더 나아가 원전 읽기로 안내합니다. 바쁜 현대인들에게 새로운 고전읽기 방법을 제시합니다.

원서발췌
고대 그리스와 로마의 교육

Erziehung und Pädagogik der alten Völker

빌헬름 딜타이(Wilhelm Dilthey) 지음
손승남 옮김

대한민국, 서울, 지식을만드는지식, 2025

편집자 일러두기

- 이 책은 빌헬름 딜타이(Wilhelm Dilthey)의 《전집(Gesammelte Schriften)》 제IX권 《교육학: 역사와 기초 개요(Pädagogik: Geschichte und Grundlinien des Systems)》의 1~90쪽의 내용을 번역한 것입니다. 발췌 비율은 약 37%입니다.
- 오늘날의 교육 및 교육학 역사의 기초를 형성하고 있는 것은 고대 그리스와 로마의 교육으로 볼 수 있습니다. 원전에서 딜타이는 17세기까지의 교육을 서술하고 있으나 이 책에서는 고대의 교육만을 다루었습니다.
- 이 책의 독일어 제목은 빌헬름 딜타이의 《전집》 제IX권 1부의 제목인 '고대 민족의 교육과 교육학(Erziehung und Pädagogik der alten Völker)'입니다. 그러나 딜타이가 고대 민족 중에서 고대 그리스와 로마 민족을 중점적으로 다루고 있고, 교육과 더불어 교육학이라는 용어를 쓰고 있지만 학문적 교육학이 근대의 산물이라는 점을 감안하여 이 책의 제목을 '고대 그리스와 로마의 교육'으로 정했습니다.
- 본문의 차례는 원전의 차례를 부분적으로 재구성했으며, 본문에 앞서 등장하는 엮은이 서문과 지은이 서문도 번역하여 독자의 이해를 돕고자 했습니다.
- 주석은 모두 지은이가 작성한 것을 그대로 옮긴 것이고,

옮긴이가 작성한 주석은 '옮긴이 주'로 표시했습니다.

- 원문에서 자간을 띄어 강조한 부분은 굵은 글씨체를 사용했습니다.
- 이 책은 국내에서 처음 번역한 것입니다.
- 외래어 표기는 현행 한글어문규정의 외래어 표기법을 따랐습니다.
- 이 책은 2009년 8월 15일 한정판 '고전천줄' 시리즈로 처음 출간했습니다. 2012년 3월 12일 표지를 바꿔 '천줄읽기' 시리즈로 다시 출간했다가 이번에 '원서발췌' 시리즈로 옮겨 출간합니다.

차례

서론
교육의 역사에 관해

1. 엮은이 서문[1)]

이 전집은 딜타이의 교육학의 역사와 체계에 대한 강의를 사람들에게 널리 알리고자 마련된 것이다. 여기엔 두 가지 목적이 있다. 하나는 깊은 연관 관계가 아직 밝혀지지 않은 교육학의 역사를 규명하는 것이요, 다른 하나는 이 강연들에서 그 본질적 요소가 드러나는 딜타이 교육학의 내적 발달을 이해하는 데 도움을 주려는 것이다. 딜타이 자신도 이 강연에 대해서 "특정한 관점에서 보면 여러 강연 가운데 가장 애정이 가는 강연"이었음을 언급하고 있다. 교육학에 대한 딜타이의 관심은 그의 철학적 태도의 본질에 근거를 두고 있다. 딜타이는 스스로 모든 진정한 철학은 교육학으로 수렴된다는 점을 반복적으로 시사하고 있다.

> "철학자의 최후의 언어는 (…) 교육학에 관한 것이다. 왜냐하면 모든 사변은 행위를 목적으로 하고 있

1) 이 서문은 딜타이 전집의 편집자인 오토 프리드리히 볼노(Bollnow)가 1933년 10월 괴팅겐에서 쓴 글이다.

기 때문이다."

"진정한 철학의 개화(開花)와 목적은 넓은 의미에서의 교육학, 즉 인간의 도야에 관한 학설이다."

이러한 태도는 정신과학의 토양에서 성장한 '삶의 철학'의 필연적인 표현이다. 정신과학에서 실제적 삶으로부터 단지 관조하여 확정할 수 있는 '순수한' 이론을 분리해낸다는 것은 불가능하다. 철학은 필연적으로 그 자체가 의지에 영향을 주므로 결국 교육학과 맞물릴 수밖에 없다.

딜타이의 교육학에 대한 작업은 크게 두 가지로 구분될 수 있다. 하나는 딜타이가 브레슬라우대학교에 재직하는 동안 여러 차례 교육학에 대해서 강의를 한 것이다. 그는 1868년 바젤에서 교육학을 강의에서 다루고자 했으나 실현되지 않았다. 1874년 여름학기 〈교육학의 체계적 형성에 심리학을 적용한 교육학의 역사〉 강의, 1874~1875년 겨울학기 〈교육학의 역사와 교육학 체계의 기초 개요> 강의, 1878~1879년 겨울학기 〈프로이센 교육기관의 역사〉 강의 등이 바로 그것이다.[2] 우리는 여기서 그가 교육학의 위대한 정치적 의미에서부터 민족의 삶 전체에서 차지하는 교육학의 위치에 이르기까지 열정적으로 움직이고 있음을 발견하게 된다. 즉 그는 교육학이 얼마나 민족성의 제약을 받고 있는지, 또 그것에 얼마나 적극적으로 영향을 주는지를 보여주고 있다. 이 교육학 강의들은 후기 저작들의 신중한 태도와는 달리 놀랄 만한 단호함과 원초성이 돋보인다.

교육학의 다른 작업은 1884년 여름학기와 1894년 여름학기 사이, 교육학 강의의 굳건한 요소들이 자리 잡게 되었던 딜타이의 베를린 활동 시기와 맞물려 있다. 그는 이 시기에 규칙적으로 여름에는 세 시간씩(나중에는 두 시간씩) 〈교육학의 역사와 체계〉와 겨울에는 한 시간씩 〈심리학 강의의 보완으로서 심리학의 교육학적 적용〉에 관한 강의를 했다. 두 개의 강의는 하나의 연관된 체계를 이루고 있었다. 이전 시기의 위대한 정치적 관점과는 달리 후기에서는 교육기관과 교육학 이론의 역사에 대한 심화가 주를 이루고 있다. 하지만 여기서 또한 광범위한 관점을 발견할 수 있다. 그는 (자신의 강의를 새로 작업하던 1884년 여름) 요크 경에게 다음과 같이 편지를 쓰고 있다.

---

2) 딜타이가 저술한 〈보편타당한 교육학의 가능성에 관하여〉, 《교육학 소품집》 3권, 랑겐잘차(Langensalza) 출간 서문에서 헤르만 놀(Nohl)의 글 참조.

"나는 지난 3개월 동안 주로 유럽의 교육사에 대해서 강의했습니다. 역사 연구가 나를 내면적으로 자극하는 일은 드물었으며, 가령 삶의 이상, 교육의 이상, 시, 도야, 학문의 (심리학적) 인과 조건들과 같은 보편사(Universalgeschichte)에 관한 단서를 제공하지도 않았습니다."[3]

10여 년 동안의 교육학 연구로부터 딜타이는 (쥐베른에 관한 논문 한 편[4] 외에) 유명한 논문 〈보편타당한 교육학의 가능성에 관하여〉(1888)[5] 한 편만을 출간했다. 하지만 이 논문은 외부의 압력에 의하여 특정한 목적을 위해 서둘러 작성되었으며, 그런 이유로 충분한 내용의 서술 없이 결론에 도달하고 말았다.[6] 그러므로 딜타이의 경우에 흔히 볼 수 있는 바와 같이 이 논문은 단지 포괄적 전체의 한 부분으로서 파악될 수 있다. 그 안에서 개별적 문제, 즉

---

3) 《딜타이와 바르텐부르크 요크 경의 서신 교환》(할레, 1923), 41쪽과 47쪽.

4) 《전집》 제4권, 451쪽 이하.

5) 《전집》 제4권, 83쪽 이하.

6) 《딜타이와 바르텐부르크 요크 경의 서신 교환》(할레, 1923), 76쪽.

17세기 자연적 체계에서 발원하여 보편타당한 교육학으로 나아가려는 움직임은 자신의 교육학 강의에서 발전시키려고 했던 더 큰 전체적 연관에서 분리되어 있으며, 딜타이의 전체적 관점에 부합되지 않게[7] 단편적으로 고착되어 있다.

이 전집은 더 근원적인 위대한 동인과 그러한 기반의 범위를 가능한 한 다시금 분명하게 보여줄 것이다. 이것은 본질적으로 베를린에서 행한 일련의 강의들을 다시금 재현한 것이지만 상당 부분 브레슬라우 강의들이 스며들어 있다. 역사적 부분에서는 베를린 강의를 위한 딜타이 자신의 고유한 원고들이 기초가 되었다. 나중의 작업에서 누락된 초판본의 내용들이 해당 부분에 삽입(이때 문장부호 '[ ]' 사용)되었다. 그런 다음 체계적 강의의 성과가 유명한 논문으로 종합되었다. 완성본에서 발생할 수 있는 범위의 축소를 가급적 지양하기 위하여, 포괄적인 연관을 더욱 분명히 포함하고 있는 본질적으로 훨씬 광범위한 내용을 그 자리에 담았을 뿐 아니라 앞선 역사적 부분을 전체와 연결시켰다.[8] 이러한 성립 과정의 완전성은 강의 유고

7) 이러한 고착화에 대한 비판에 관해서는 놀의 글 참조.

8) 이 논문은 다른 점에서 유명하므로 여기서 완성본을 재현해 내지는

로 검증해 볼 수 있을 것이다.

이렇게 기획된 작업은 1894년, 즉 딜타이 철학의 결정적 시기 바로 직전에 중단되었고, 이어서 슈툼프(Stumpf)와 파울젠(Paulsen)이 베를린대학교에서 심리학과 교육학 강의를 계승했다. 그렇지만 여기서 딜타이의 교육학에 대한 작업이 끝난 것은 아니었다. 오히려 (여기 출간된 강의에서 분명하게 드러나는 바와 같이) 교육학 역사에서 딜타이의 광범위한 계획 《독일정신의 역사 연구》가 발원하여 게르만 민족의 초창기에서부터 독일정신의 발전 과정을 포괄적으로 다룰 수 있는 계기를 마련했다(독일정신에 관한 사전 발간 작업은 오늘날 양적으로 놀라운 성장을 보이고 있다). 이미 출간된 전집 3권과 저서 《독일의 시와

않았다. 마찬가지로 공간상의 이유로 이미 출간된 교육학 관련 글들도 여기서 다루지 않았다. 이미 언급된 쉬베른 관련 논문은 페스탈로치에 관한 간략한 내용을 담고 있다(《전집》 제4권, 471쪽 이하). 이 밖에 교육학 관련 글로는 〈프리드리히 대왕과 독일 계몽주의〉에서 '교육자로서의 국가'라는 장을 볼 수 있고(《전집》 제3권, 158쪽 이하), 유고로부터 간행된 〈학교 개혁과 교실 개혁〉(《전집》 제6권, 83쪽 이하), 놀이 《교육학 소품집》에 수록한 〈최상의 수업과 교육학에 관한 질문〉, 〈프로이센 교육기관의 역사에 관한 서문 기획〉, 〈학교 개혁〉 등을 꼽을 수 있다.

음악에 관하여》에서 다루고 있는 것과는 달리 여기서는 단지 교육기관과 교육 조직만이 서술의 중심에 있다. 하지만 이러한 작업들이 저술에서 커다란 진전을 가져오지 못하고, 단지 몇몇 부분들만이 앞선 작업에서 인용되었을 뿐이다.

교육학 강의를 출간하는 것은 두 가지 이유다. 하나는 딜타이 때문인데, 이 강의야말로 딜타이에 관한 근본적으로 그릇된 인식을 바로잡는 데 적합하다고 보기 때문이다. 사람들은 딜타이의 역사관을 심리주의나 비정치적 인도주의로 보는 경향이 있다. 다른 하나는 사물의 본질적 측면에서 볼 때 딜타이의 교육학에 관한 글들이 오늘날에도 여전히 유효하며, 이제껏 제대로 다루어지지 않았다는 점이다. 이러한 이유에서 일반 독자가 아니라 강의를 위해서 마련된 글의 성격으로 인해 가질 수 있는 심각한 오해가 있다 할지라도 충분히 물리칠 수 있다고 여겨진다. 이 글은 여전히 미완성이며, 언어의 이면에서 깊숙이 느낄 수 있는 다양성 등이 상존한다. 자세하게 설명된 생각들과 함께 단지 시사적인 메모들만이 등장하기도 하고, 자신의 고유한 사고를 전개하면서 단지 강의 자료만을 제시하는 부분도 나온다. 이는 딜타이가 강의에서 자료를 전달하는 데 있어 필연적으로 행하지 않을 수 없었던 것으로 보인다. 이러한 결함들이 결정적인 것은 아니다. 왜냐하면 자신의 시대에 아쉽게도 출간되지 않은 채로 남아 있었지만 딜타이가 오늘날 우리에게 결정적으로 말할 부분을 지니고 있기 때문이다.

딜타이 교육학의 기본 생각[9]은 네 가지 방향에서 살펴볼 수 있다.

그 하나는 위대한 독일의 교육학자들이 개인주의적 성향을 지닌 것에 비해 딜타이는 전체로서 민족과 국가에 대한 교육학의 책임을 강조하고 있다. 플라톤과 슐라이어마허의 토대하에서 그는 진지하게 교육학의 과제를 국가의 힘을 지속시키는 데서 찾는 국민교육학의 이념을 대표하며, 아동의 자유를 제약하는 부모의 이기주의에 대항하고자 했다. 모든 흩어지는 경향성에 대하여 하나의 지속시키는 힘으로 맞서는[10] 교육학의 과제에 대한 통찰 또한 국민교육학의 범주에 속한다. 혹은 이것은 깊은 의미에서

---

9) 이 강의에 대한 지식 없이 독자적으로 서술한 루돌프 외르덴(Rudolf. Joerden)의 논문, 〈빌헬름 딜타이와 정신과학적 교육학. 선구적 교육자〉, 랑겐잘차, 38쪽 이하. 그가 출간한 저서인 《딜타이의 교육학》, 신연감 9호, 1933, 289쪽 이하.

10) 1900년 학교 회의에 관한 토론 참고. 《교육학 소품집》 제3권, 83쪽 이하.

모든 힘들을 교육학적으로 집적하여 국가 전체로 하여금 최상의 성과를 가져올 수 있도록 하는 것이다.

이와 관련하여 유사한 발전 과정과 독특한 역사적 조건의 관점에서 다양한 국가의 교육제도를 비교 분석하려는 생각이다. 이러한 관점을 바탕으로 딜타이는 고대 그리스와 로마의 교육, 근대 유럽 민족의 교육을 기술하고 있다.[11] 여기엔 두 가지 시기에 관한 생각이 두드러지게 나타난다. 그 하나는 민족의 영웅시대이며, 다른 하나는 과학적 성찰의 시기다. 전자가 연이은 전쟁 속에서 자신의 존재를 지켜나갔던 문화적 · 학문적 미성숙의 시기라고 한다면, 후자는 과학과 학문이 이제 막 개화하는 단계라고 할 수 있다. 하지만 그러한 침투를 어떠한 외적 수단으로 막아낼 수는 없었다. 유기체의 법칙에 따라 성숙을 향하여 발전하지만 다시 사라지는 민족성과 지속적 진보로 특징지어지는 과학과 정신의 관계는 언제나 다시 등장하는 근본 문제다.[12] 이 문제의 해결은 물론 항상 열려 있다. 교육제도와 역사적 · 민족적 정서의 관련성과 보편타

---

11) 영국인과 프랑스인의 국가적 교육체계에 관한 메모들이 남아 있으나 출간할 정도로 발전된 형태를 띠고 있지는 않다.

12) 특히 이 강의의 서문에서 이와 연관된 서술을 살펴볼 수 있다.

당한 교육학의 가능성 사이의 연관, 나아가 이러한 '연구' 내내 지속되는 계몽적 특성(Zug)과 역사의식의 관계에 대한 문제, 마지막으로 사고와 삶의 관계에 대한 생(生)철학적 근본 문제가 이 안에 깊숙이 내재되어 있다.

세 번째 커다란 특징은 교육을 사회학적 배경 속에서 설명하는 것이다. 이러한 연관은 이미 고대 그리스와 로마 교육을 설명하면서 항상 강조되었던 부분이다. 여기에는 무엇보다도 두 가지 특성의 사회학적 조건이 속한다. 현재의 교육학은 그러한 전제 조건이 사라졌음에도 불구하고 그러한 특성에서 벗어나지 못하고 있다. 가령 고대 그리스의 노예제를 기반으로 형성된 파이데이아(paideia)라는 교육적 이상으로부터 직업적 존재가 차단되고 로마 제국의 교육학에서 정치적 관점이 쇠퇴한 것 등이다. 이러한 사고가 완전하게 형성된 것은 근대 유럽민족의 발전적 노력에 의해서다. 딜타이가 상세하게 논한 바와 같이 네 가지 유형의 신분, 즉 성직자 · 기사 · 시민 · 농민은 자신의 고유하고 특수한 실존 조건 속에서 뿌리내린 교육체계를 발전시켰고, 그러한 영향으로부터 오늘날의 교육제도가 생겨나게 되었다.

이러한 역사적 분석 안에는 이미 딜타이가 교육학 이론에 부여하고자 하는 체계적 전환이 내포되어 있다. 교육학을 인습적으로 두 영역, 즉 윤리학에 의존하는 교육목적에 관한 학설과 심리학에 의존하는 교육방법에 관한 학설로 나누려는 배후에 통일적 전체로서 교육현실을 상정하려는 것이다. 그러한 기반에서는 모든 이론에 앞서 교육의 과정이 이미 항상 실제로 일어나고 있다. 이러한 교육현실에 작용하는 힘들의 분석을 통해서 오직 그 근원 속에 통일적으로 존재하는 교육학 이론을 발전시킬 수 있다.

이 전집의 출간은 미쉬 교수의 양해를 받아 놀 교수가 나에게 작업을 위탁하면서 가능하게 되었다. 놀 교수는 전집의 출간을 위해 애정 어린 조언과 실제적인 협력을 아끼지 않았다. 텍스트 구성의 세세한 부분에 대해서는 각주를 제시했다. 여기 나온 새로운 판본은 처음에 나온 판본을 거의 그대로 다시 인쇄한 것이다. 다만 해독하기 힘들 정도로 어려운 딜타이 수기에서 기인하는 몇 가지 오·탈자는 교정되었고, 인쇄상의 몇 가지 실수 등도 제거되었다.

2. 지은이 서문

이 강의의 대상은 교육학의 역사와 체계다. 이로써 나는 대학이 여러분을 위하여 필수적으로 제공해야 할 인식의 전체 개념을 표현하고자 한다. 이 강의는 나에게 오래전부터 특별한 의미에서 가장 아끼는 강의 주제의 하나가 되었다. 나는 스스로 김나지움 교사로서 교육적 업무에 관한 경험을 축적했다. 교육학적 질문을 좀 더 사려 깊고 생산적으로 다루기 위해서 이 작업은 필수불가결한 것이었는지 모른다. 나는 교육이라는 과업에 종사했던 셀 수도 없이 많은 사람들의 도야 과정을 추적해 볼 수 있었다. 나는 지금 특별한 애정을 가지고 여기서 다루고자 하는 정신적 삶의 최상의 형식들을 심리학의 기초 학문 안에서 연구하고 있다. 이렇게 본다면 이 일을 하는 데 단단히 무장을 하고 있는 셈이다. 이 과제 자체는 최상의 철학에 속한다. 왜냐하면 일반적으로 볼 때 모든 진정한 철학의 개화(開花)와 목적은 넓은 의미에서의 교육학, 즉 인간의 도야에 관한 학설이기 때문이다. 그런 점에서 칸트는 다음과 같이 말하고 있다.

"교육이라는 말 뒤에는 인간 본성의 완전성에 대한 위대한 비밀이 숨어 있다. 인간 본성이 교육을 통해서 발전될 수 있으며, 이것을 인류에 적합한 형태로 가져갈 수 있다는 것을 생각하는 일은 매력적인 일이다. 이것은 우리에게 미래의 인류의 행복에 대한 전망을 열어준다."

칸트의 이 말은 18세기를 가득 채웠던 이상적인 희망을 일체의 과장 없이 잘 표현해 주고 있다. 이것은 오늘날에도 여전히 유효하다.

교육자라는 직업은 두 가지를 필요로 한다. 그 하나는 전인적 인간의 교육학적 형성이요, 다른 하나는 미래의 교육자가 수업하게 될 전공에 대한 학문적 지식이다. 교직 수업에는 이제까지는 대부분 후자의 과제가 주어져 왔다. 하지만 첫 번째 과제 또한 여러분들에게 부과되지 않으면 안 된다. 여러분의 인격적 · 교육학적 숙련 또한 대학에서 길러져야 한다. 지난 세대의 상급학교 교사들이 이 점에서 비교적 부족한 점이 많았다는 점은 일반적으로 널리 알려져 있다. 바로 여기서 성취 능력 면에서는 물론 개인적 행복이라는 면에서도 아주 큰 결함이 등장하게 된다. 갑자기 학문적 전문 연구에서 어느 한 부분을 떼어내어 그들은 자신을 통제하기 힘든 적지 않은 아이들과 대결 구도를 형성한 후 아이들의 영혼을 지배하고, 주의를 강제로 돌리며, 그들의 사고 과정마저 통제하려 든다. 일반적으로 어떤 일이 벌어지는가? 초보 교사는 학창 시절에 대한 기억을 더듬어본다. 그는 학창 시절 가장 훌륭한 교사를 닮고자 한다. 하지만 이것은 외적인 부분에 불과하다. 그러한 기억들은 항상 놀라울 정도로 새롭게 삶이 부여하는 과제에 더 이상 부응하지 못한다. 그러면서 그에게 점차 화려한 직업에 대한 거부감이 자라난다. 그는 교직의 핵심 문제를 대학에서 심화하고, 학문적으로 지속시키고자 한다. 그는 자신을 교육자로서가 아니라 전문학자로 느끼게 된다. 위대한 직업의 요청과 일정한 시기 동안 지속된 노력 사이의 갈등 속에서 그는 교육자의 과업에서 기쁨을 잃게 되고, 그와 동시에 업무 능력도 떨어지게 된다. 그는 초등학교 교사를 부러운 눈초리로 바라본다. 그들은 이제까지의 교수학적 경험과 정신적 삶의 경험에 근거하여 짧은 수업 기간에 확실한 방법으로 가르칠 수 있는 장점이 있기 때문이다.

교육자 직업을 교육학적으로 준비하기 위해서 여러분은 비교적 적은 노력을 기울이면 된다. 교육학적 도야의 기초는 심리학과 논리학에 있다. 그런 다음 수업이 전개되는 과정에서 얻게 되는 경험의 인식, 그 위에서 형성된 이론의 인식, 그리고 확정될 수 있는 교육학 기본명제들의 인식이 뒤따라야 한다. 여러분의 특별한 교육학적 준비는 특히 근대기를 중심으로 한 교육기관과 교육학 이론에 대한 역사의 습득과 현재에 지배적인 체계적 통찰의 습득으로 나뉜다. 이 강의는 두 부분에 관해서 다루고자 한다.

교육학이 현재의 교육 단계에 있는 여러분에게 제공할 수 있는 것과 이 강의가 여러분에게 줄 수 있는 것은 여러분이 인지할 수 있는 기대치에 비해 실로 제한적이고 무미건조하게 보일지도 모른다. 하지만 여러분의 기대치는 학문으로서 교육학의 현재 상황에 대한 전혀 터무니없는 생각에 근거를 두고 있다.

고대인들은 특별한 학문적 체계를 지니고 있지 않았다. 상급학교 교사였던 소피스트와 수사학자들은 대중의 소망에 따라 지배층의 교육 목적을 영향력 있는 정치가, 다시 말해 탁월한 연설가의 양성에 두었다. 근대의 민족들은 교회의 지배 속에서 첫 단계를 지날 수 있었다. 사회생활은 물론 개인들의 삶 또한 신화적 · 형이상학적 체계의 원리에 의해서 영위되었다. 알베르투스(Albertus), 토마스(Thomas), 그리고 단테(Dante)는 그러한 형식을 잘 보여준다. 그들에게 또한 교육기관의 자명한 과제는 정신적 지배층을 위하여 3학 4과와 같은 사고연관을 피교육자의 영혼에 세우려는 것이었다. 이러한 교육기관은 그 자체에 대해서 잘 알고 있었다. 전 유럽을 통틀어 가장 강력하고 가장 통일적인 정신성과 이러한 유형의 교사들은 엄청난 힘으로 무장하여 성당과 교회 부속의 학교를 설립했고, 조용한 수도원 안에 세속의 때가 묻지 않은 교육기관을 세웠다.

그 이후 근대 민족들은 자주성을 획득했다. 이러한 통일성이 와해된 것은 물론이다. 오늘날에도 구교의 역사가들은 여전히 그 폐허 위에 탄식하며 앉아 있다. 자유의식의 진보와 더불어 하나의 정신적 구심점으로부터 지배하는 일이 불가능해진 것은 이제 민족적 삶의 자연법칙이 되었다. 르네상스와 종교개혁, 대학생들의 급증, 다양한 언어와 사건의 등장으로 말미암아 하나의 방법으로 많은 것들을 해결하기 위한 방법에 관해 숙고하게 되었다. 교수법이 생겨난 것은 바로 이러한 이유에서다. 사람들은 지적 발달의 자연적 과정을 찾았다. 보편타당한 교육학의 기초는 18세기에 세워지기 시작했다. 자연신학, 자연법 인근에 교육학이 등장하게 된 것이다. 오늘날 교육학은 원리로부터 모든 시대와 민족에 보편타당한 교육적 물음을 해명하고자 한다. 아주 대담하게도 오늘날 베인(Bain)과 허버트 스펜서(Herbert Spencer)는 원리로부터 모든 국가의 교육기관을 급진적으로 변화시키려 하고 있다.

이 강의는 차차 그러한 보편타당한 교육학이 불가능하다는 것을 보여줄 것이다. 교육학은 회고적(retrospektive) 체계의 학문이다. 그것은 자연법과 자연신학과 같이 정돈된 문서의 학문에 속한다. 이것과 반대로 내가 보여주고자 하는 것은 다음과 같다. 보편타당한 것은 오직 좁게 한계지어진 수의 명제들뿐이다. 그것은 우리가 교육이 구체적으로 실현되는 정신적 삶의 과정을 완전성에 따라 기술할 때 생긴다. 주의력을 지도하는 규칙, 다면적 직관의 형성, 기억의 발달과 수행 등이 그와 같이 생성된다. 하지만 역사적으로 작용하는 교육학 체계는 그 이상을 담고 있다. 그것은 이러한 형식들을 상호 결합하는 것이며, 언제나 역사적 제약을 받는 하나의 원리로부터 내용들을 결합하는 것이다. 멜란히톤, 코메니우스, 로크, 루소, 헤르바르트는 역사적 제약을 받으며, 항상 역사적 유효성을 지닌다. 우리가 오늘날 교육제도에 대해 요구하는 것을 영국인이나 어떤 심리학으로부터 도출하게 할 수는 없다. 그것은 오직 우리의 민족적 열정 안에 스며들어 있는 것이다. 우리의 국가를 위대하게 만들 교육은 신중하게 설계

되지 않으면 안 된다. 일반적인, 현대적인, 공리주의적인 교육의 기획으로 우리의 교육을 다루는 것 또한 무모한 일이다. 여기서는 모든 다른 정신과학을 형성하는 역사학파의 학문적 관점을 전혀 고려하지 않고 있다.

이 강의는 무엇보다도 모든 교육적 이상의 역사성에 대한 의식을 여러분에게 심어줄 것이다. 우리는 교육의 역사와 이론을 16세기까지 신속하게 다룰 것이며, 거기서부터 자세하게 설명할 것이다. 고대와 중세의 교육학에 대한 지식 없이는 근대 교육학에 관한 지식은 어중간한 상태로 남게 된다. 우리는 그런 다음 보편타당한 교육학의 기본명제들을 전개할 것이다. 마지막으로 우리 민족과 시대의 본성으로부터 오늘날 독일의 교육자와 교육기관의 구체적이고 완전한 이상을 이끌어낼 것이다. 나는 역사적 부분으로 이 글을 시작한다.

3. 교육학 역사의 일반적 기본 상황

두 가지의 기본 요소들은 서로 대립하거나 도우면서, 유럽민족의 교육기관의 성장과 시대적 감소에 기여했다. 그러므로 이 영역의 지속적인 진보는 학문의 발달과 같이 주목할 만한 수준은 아니다. 교육의 기초는 진보하는 과학이다. 이 과학이 사실들의 총괄 개념을 수용하는 순간 교육에서의 변화가 일어난다. 교육적 요소만으로 볼 때 유럽 교육체계의 역사는 중세기에 중단되긴 했지만 모든 영역에서 진보하는 발전을 보였다. 왜냐하면 과학이 유럽의 한 국가에서 다른 국가로 전이되는 과정에서 오랜 중단을 겪었기 때문이다. 가령 알렉산드리아의 실증적 과학의 발달은 게르만 민족의 이동에 의해서 중단되었다. 그런 다음 천 년이 지난 후 근대 유럽민족들이 형성되었다. 도시에서의 영웅시대가 지난 후 근대 시민과 부(富)가 자리를 잡았으며, 유럽의 근대 민족들이 성숙하여 알렉산드리아의 연구를 비로소 받아들이게 되었다. 마침내 발전된 근대과학이 유럽 민족의 새로운 세대에 전해짐으로써 과학은 중단 없는 진보를 이루게 되었다.

이 관계는 과학의 본질 자체에 근거하고 있다. 의지의

강도와 사고의 힘은 전이될 수 없으며, 인간과 함께 소멸된다. 반면에 확증된 사실이나 일반규칙에 관한 지식은 다음 세대로 전이가 가능하며, 후속 과업의 기초를 형성한다. 여기서 내릴 수 있는 결론은 역사의 흐름에서는 오직 지속적이고 중단 없는 진보, 즉 과학의 진보가 있을 뿐이라는 사실이다. 위대한 발명가와 국가 자체를 넘어서 이러한 지식은 지속적으로 발전함으로써 인류에서 지속적인 진보의 유일한 담지자가 된다. 수업체계는 과학의 진보와 더불어 발전한다. 오직 이러한 진보에 뿌리를 두고 있으므로 언제나 과학과 더불어 있기를 원한다. 하지만 그것은 엄청난 변화에 종속되는 또 다른 요소에 뿌리를 두고 있으며, 이 변화를 공유하고 있다.

교육의 과제는 의도적인 수단체계를 통하여 스스로를 규정할 수 있는 상태로 개인을 발전시키는 것이다. 그 정의에 의하면 인간 운명에 관한 모든 경험에 적합하게 정서, 의지, 이념 세계를 발전시키는 일은 모든 교육의 최종 목적이 된다. 나는 교육으로 달성하고자 하는 것을 '도야 이상'이라고 부르고자 한다. 그것은 사회적 이상과 밀접한 관련이 있다. 도야 이상은 교육하는 세대의 삶의 이상에 종속된다. 동시에 교육을 완성시키는 수단체계는 이러한 세대의 상태에 제약을 받는다.[13)]

따라서 교육은 제2의 요소, 즉 특정한 세대와 특정한 민족의 문화적 상태에 달려 있다. 민족의 문화는 연속적인 진보를 나타내지 않는다. 변동기에서 다시 회복하여 진보를 나타내기란 힘들다. 오히려 민족은 개인의 법칙, 즉 개인의 성장 속에서 성숙하다 쇠락하는 법칙을 따른다. 한 국가가 삶의 조건에 내재된 최상의 힘을 자유로이 발휘하고, 위대한 삶의 이상 속에서 상승하는 존재로 이끄는 시간은 비교적 짧다. 국가의 문화적 요소들은 정교하게 발전된 상념의 체계가 포함하는 성숙된 언어 속에, 일련의 과학적 개념 속에, 관습과 헌법 속에, 이들의 제약을 받는 실천적 목적과 삶의 이상 속에, 그리고 마지막으로 이들 모든 요소들이 조화를 이루어 종교 · 예술 · 철학으로 드러나는 이념 세계 안에 들어 있다. 개인이 위의 모든 능력을 갖추고 세상에 당당히 등장하여, 자신의 힘의 척도에 따라 올바른 곳에서 자신의 만족과 전체의 유용성을 위

---

13) 이러한 수단체계는 허공에서 떠도는 것이 아니라 문화체계의 형상에 따라 본질적으로 자유경쟁의 산물이거나 교회, 도시, 정치 공동체, 국가 행정체계의 영향을 받는다. 교육사는 이에 준해서 다룰 수 있다.

1. 행정체계 안에서 수업이 차지하는 위치의 역사
2. 학교의 조직(학제)에 관한 역사.
3. 교육학 이념과 역사의 주도적인 영향하에서 수업의 내용과 방법의 역사.

하여 이러한 문화와 과제를 붙잡는 것, 이것이야말로 교육의 최고의 과제다.

이러한 사실에서 도출할 수 있는 내용은 교육과 교육제도가 민족과 함께 성장 · 성숙 · 쇠퇴한다는 필연적 사실이다. 왜냐하면 교육하는 사람 자체가 정신 전체의 영향을 받기 때문에 쇠락하는 민족의 어떤 교육이론도 교육제도의 쇠락을 저지할 수 없기 때문이다. 플라톤의 것과 같은 고대의 위대한 교육이론도 그리스의 교육기관과 국민정신의 쇠락을 막지 못했다는 것이 입증되었다. 키케로와 세네카(Seneca)의 교육이론도 전적으로 그와 흡사하다. 왜냐하면 위대한 개인은 교육이론이 성장하는 국민적 삶의 굳건한 구조와 연결되어 있는 곳에서 엄청난 영향력을 행사할 수 있으나, 국민의 조직이 완전히 파괴된 곳에서는 일시적 영향만을 행사할 뿐이기 때문이다. 교육과 교육기관은 국가가 멸망하면 지속적으로 쇠락한다.[14]

---

14) 근대 민족의 가장 위대한 조직이 무한한 생존 기간을 지니는가에 대한 질문. 역사적 낙관주의와 비관주의. 이 관계는 베네케(Beneke)가 최초로 발전시킨 또 하나의 심리학적 측면을 포함하고 있다. 지적 정점과 도덕적 정점이 항상 결합되어 있는 것은 아니다. 한동안 이와 반대되는 이론이 널리 퍼져 있었다. 심지어는 슐로서(Schlosser)에게도. 이러한 이유는 다음에서 찾을 수 있다. 즉 지성은 상념의 기초 위에서 형성된다. 이것은 처음부터 완전하다. 그에 반해 노력은 완전한 과

결과를 종합해 보자. 과학적 통찰을 지닌 교육의 수단은 과학의 발전에 따라 지속적으로 성장한다. 반면에 국가의 훈육과 윤리, 이념 세계, 그것들의 삶의 이상 속에 들어 있는 교육의 목적과 모든 수단은 국가가 보여주는 순환과 궤(軌)를 함께한다. 유럽 교육기관의 역사에서 국가와 교육의 관계는 앞으로 어떤 양상을 보일 것인가?

실증과학은 진보한다. 하지만 항상 새로운 집단의 사실을 법칙이나 일반적 통찰에 종속시킨다. 그러한 법칙은 일련의 원인을 변형시켰을 때 어떠한 결과를 가져오는지를 보여준다. 원인에 변화를 가할 수 없을 때, 즉 내가 원인을 통제할 수 없을 때, 나는 법칙에 관한 통찰에 의거하여 의도적 결과를 낳게 할 수 있다. 법칙에 관한 통찰은 실제적으로 생산적이 된다. 이제 모든 인간 행위를 변화시키고자 하며, 이것은 전적으로 생명의 일로서 관찰될 수 있다. 이것으로부터 내릴 수 있는 결론은 다음과 같다. 일련의 새로운 사실들을 법칙에 종속시키는 과학의 진보는 이러한 사실과 관련하여 과학적 전범(典範)에 대하여 새

정과 불완전한 과정의 체계다. 역사적 상승작용과 함께 불완전한 것은 상승을 하게 된다.

로운 유형의 활동을 가능케 한다. 과학적 전범과 예리한 사고는 그에게 이전에 결코 도달할 수 없었던 자신과 전체를 위한 결과를 가능하게 해준다. 과학의 진보는 항상 인간 활동의 새로운 영역을 과학기술에 종속시킨다. 어제까지만 해도 수공업적 전승에 가까운 일이었던 것이 오늘에 와서는 과학적 전범에 따라 수행되는 일이 되고 있다. 이에 따라 학문의 진보로부터 늘 새로운 인간 활동 영역에서 특별한 학문적 교육의 가능성과 유용성이 생겨난다.

유럽의 교육기관의 역사는 다음과 같은 기본 관계를 보여줄 것이다. 즉 교육이 점점 더 넓은 범위로 확산되면서 마침내 모든 개인들을 그 영역으로 끌어들이게 된다. 교육체계 또한 인간 활동의 개별 영역을 위하여 기술을 공유하는 새로운 교육기관으로 분화를 거듭한다.

로마공화정 시기에는 오직 정치적 지배계급만이 교육을 받았다. 교육은 오직 국가의 통치와 법률 영역에 국한되었다. 하지만 로마제국 시대에 정세 변화와 함께 모든 계급을 포괄하는 기초수업(Elementarunterricht)이 시작되었다. 이것이 나중에 중세 초기의 도시학교(Stadtschule)로, 종교개혁 시기에 국민학교(Volksschule)로 받아들여졌다. 오늘날 교육체계의 조직에서 한걸음 나아가게 된 것은 종교개혁기에 김나지움을 창립하면서부터다. 김나지움과 나란히 시민학교(Bürgerschule)와 실과학교(Realschule)가 생겨났다. 대학과 나란히 종합기술학교(Polytechniken)와 상업학교(Handelsschule)가 생기면서 점차 현재의 교육제도가 자리를 잡게 되었다. 그리하여 이 제도는 모든 인간의 활동 영역에 상응하는 특정 유형의 교육기관을 소유하며 그 안에서 이러한 활동에 상응하는 과학기술을 전수하게 되었다. 그 체계가 교육기관의 역사에서 완성을 이룬 것은 외적으로는 유럽사회의 전 영역으로 확장되면서, 내용면에서는 처음에 동일한 교육기관이 복잡한 교육기관의 체계 속에서 전문화되고서부터다. 그리고 바로 지금 이러한 전문화를 최대한 상승시켜 합리적인 연관을 가져오도록 노력하고 있다. 이것이야말로 실증과학의 발전에서 성장한 유럽 교육기관의 역사의 가시적인 진보다.

위에서 언급한 여러 사실들의 집합 속에 유럽의 발달 과정에서 형성된 교육에서 가장 중요한 사실이 들어 있다. 그것은 바로 역사적 세계의 사실들이다. 처음엔 언어, 점차 위대한 예술작품들, 헌법, 국가의 법률 조직, 마지막으로 위대한 종교적 사실들이 형성되었다. 그리스인들은 교육 수단으로 오직 자신의 언어와 역사만을 가지고 있었다. 왜냐하면 극소수의 지식인들만이 여행과 다년간의 공부를 통하여 이집트 언어, 문학, 역사를 알 수 있었기 때문이다. 이러한 점에 비추어 플라톤은 오랜 과거를 간직하고 있는 동방의 민족들에 견주어 그리스인들을 '어린이'라고 표현하고 있다. 이것이 바로 그리스에서 모든 변화가 갑작스럽게 전개된 주요 원인 중의 하나다. 오랜 과거에 기반을 둔 교육제도만이 교육에 영속성을 부여하며, 국가를 보존하려는 사고를 길러줄 수 있다. 다른 한편 이것이 그리스 문화에 독창성과 신선함을 가져다주었다. 영웅시대를 지나면서 과학적 통찰에 기반을 두고 교육을 전개했던 로마인들은 이미 그리스 언어와 문학에서 자신의 토대를 찾았다. 그 결과 독창적인 그리스 교육과 달리 지적 교육이 탄생했다. 우리의 김나지움 교육의 기본적 생각도 여기서 나왔다고 말할 수 있을 것이다. 즉 그 생각은 과거로부터 하나의 고차원적인 유형으로 우뚝 솟구친 고대 민족의 언어와 문학의 연구를 통하여 자신들의 국민교육을 상승시키려는 것이다.

중세의 교육 또한 로마의 언어와 과거 전체가 교육의 수단으로 등장하면서 더욱 고도의 지적 교육이 되었다. 거기에 더하여 기독교와 기독교 문학이 제2의 교육 요소로 더해졌다. 오늘날 새로 형성된 유럽의 민족들이 여전히 첫 번째 발달 단계에서 파악되는 한, 이러한 과거의 영향력은 엄청난 것이어서 15세기까지도 두 가지 유형의 교육(고대 교육, 기독교 교육)만이 존재했다. 일부 국가의 통치자와 군주를 제외하곤 봉건귀족의 정치경제 지배세력은 전쟁, 농사, 궁정 생활에 의존하고 있었기 때문에 지적 교육에 대한 별다른 욕구를 지니고 있지 않았다. 그들의 독창성은 지적 교육과 대립 관계에 있었다. 그와는 달리 지식인 지배계급은 고대와 기독교 문학의 위대한 권위에 완전히 정신적으로 의존한 채 자신들의 교육을 맡겼다. 새로운 민족정신과 함께 고도로 발전된 유형의 전이가 일어난 것이다. 이들 두 지배계급 사이에 프리드리히 2세와 같은 위대한 정치지도자와 점차 모습을 드러낸 최초의 군주제 관료들이 있었다. 이들은 근대 유럽에서 최초로 그리스인과 로마인의 지적 전승으로부터 자주적인 교육을 실현했다. 볼로냐의 법학학교와 살레르노의 의학교는 근대 유럽 교육의 선구자가 되었다. 독일제국의 재상, 프랑스와 시칠리아의 지배적 공무원, 이탈리아 공화국의 군주들은 최초의 근대적 인간들이었다. 즉 그들은 일반 도야와 정치적 도야를 자주적으로 수행하기 위하여 과거 유럽의 유산을 활용했다. 문학적으로 근대 교육에서 맹위를 떨쳤던 단테 또한 이탈리아 프리드리히 2세 궁정과 직접적인 의존 관계에 있었다.

그리고 르네상스가 일어난다. 이제까지 발전된 방식으

로 유럽의 교육은 더욱 범위가 넓어진다. 고대 그리스·로마적 삶의 고상한 유형은 전 유럽의 귀족 계급에게는 일반적 교육 수단이 된다. 이 시기에 형성된 김나지움은 모든 주도적인 유럽 국가에서 이미 존재해 온, 지적 교육을 위해 국가가 지속적으로 설치한 형태에 지나지 않았다. 지적 교육의 최후 단계는 가장 최근의 역사적 사건으로서 새로 형성된 근대 언어, 국가사(國家史), 문학이 등장했다는 것이다.

교육에 있어 지속적 진보의 최후 단계는 과학의 진보에서 생겨났다. 이것이 곧 교육 자체에 대한 학문적 숙고 혹은 교육학이다. 교육기술은 학문적 숙고의 대상이 되기 이전에, 학문적 진보의 일반적 법칙에 맞게 이미 존재해 왔다. 교육의 특수한 성격에 따라, 학문적 숙고는 인간 정신의 특성, 특히 표상능력의 발달이 풍성한 학문적 연구의 대상이 되면서 비로소 정착하게 되었다. 플라톤과 같은 위대한 사상가들이 이러한 전제 조건을 충족시켰고, 그에 따라 교육학 이론들이 기획되었다. 하지만 17세기에 들어서야 안정된 기반이 마련되었고, 그 이후 로크가 교육학의 역사에 확고한 진보의 기반을 보여주었다.

이러한 것들이 유럽 교육기관의 역사에서 지속적 진보를 나타내는 중요한 요소들이다. 물론 일반적·역사적 기본 관계 또한 동시에 작용한다. 즉 성공하거나 실패한 경험으로 끝난 모든 과거는 교육자는 물론 정치가에게도 교훈을 준다. 이러한 지속적 진보의 한가운데서 우리는 국민적 삶과 함께 국가의 교육이 성장하거나 쇠퇴하는 것을 본다. 페리클레스(Perikles) 시기의 그리스인, 스키피오(Scipio) 통치기의 로마인, 단테와 이후 세대들이 활동하던 시기의 피렌체 사람들은 독창적인 국가교육의 정점을 보여준다. 왜냐하면 당시 개인은 자신에게 가장 아름다우면서도 정시적으로 가장 심오한 발달을 준 이념과 실제적 이상을 지닌 세계 안으로 들어설 수 있었기 때문이다.

교육의 이중적 관계, 즉 교육과 민족문화 그리고 교육과 학문의 진보 사이의 관계로부터, 유럽 교육기관의 고유한 형내의 진전과 교육기관이 특정한 시대, 즉 우리 시대에 갖는 과제가 도출된다. 유럽의 교육기관은 근본석으로 국가적 성격을 지닌다. 즉 그것은 국가 보존의 힘인 윤리, 정서적 삶, 이념 세계의 굳건한 요소를 성장세대의 정서적 삶의 구심점이 되도록 해야 하는 과제를 갖고 있다. 이로써 교육은 국민과 국가를 보존하는 힘이 되었다. 교육은 국가의 윤리, 위대한 지도적 이념, 정서적 세계의 쇠락에 강력하게 저항한다. 다른 한편 교육은 개인의 활동에 적합한, 최상의 완성된 과학기술을 제공하기 위하여 과학의 완전한 진보를 활용했다. 이러한 관계로부터 다음과 같은 심오한 교육의 과제가 도출된다. 즉 사변과 과학이 국가적 윤리의 굳건한 요소를 침해하지 않으며, 다른 한편 이러한 보존적 힘들이 개인에게 최상의 성취 능력을 부여하는 과학기술의 자유로운 발달을 저해하지 않아야 한다. 두 요소의 조화로운 균형 안에 우리 세대의 진정한 교육이 들어 있다. 모든 힘들을 자신의 활동을 위하여 전공에 따른 학문적 준비를 통해 붙들어 매어 국가를 보존하는 힘 안에 굳건하게 자리매김함으로써, 프로이센을 위한 현재의 교육법은 분명한 모습을 드러낼 수 있다. 우리나라의 지배적 위치가 지속성을 지니게 되는 것은 부분적으로 이러한 과제를 해결하느냐의 여부에 달려 있다.

제1부
고대 그리스의 교육

1. 고대 그리스 교육의 성격

그리스 민족의 고대 교육은 파이데이아(paideia)라는 개념 안에 스며들어 있다. 이 단어는 우선 아동교육과 아동의 도야를 의미한다. 그것은 또한 좀 더 넓은 의미에서 일반적 도야를 의미하기도 한다. 그리스어로 그 단어는 놀이(paidia)에서 학교교육(paideusis)을 거쳐 교육(paideia)으로 정착된 개념이다. 학교교육을 의미하는 용례는 투키디데스(Thucydides)가 아테네인들에 관한 유명한 문장을 쓴 데서 찾아볼 수 있다. 즉 국가는 그리스인 전체를 위한 학교다.

파이다고기아(paidagogia)는 도야와는 별개로 아동을 지도하는 사람이 아동을 돌보고 보살피는 것을 의미한다. 이 사람이 곧 교육자(paidagogos)다.

파이데이아는 적절한 표현으로 교육(Erziehung)과 상응한다. 교육에서의 접두사 'er'는 목적을 지칭하며, 훈련과는 달리 정신적인 내용을 담고 있다. 그와 같은 넓은 의미에서 교육에 대한 독일어 표현은 수업 자체를 포괄하고 있다.

그리스인들의 교육은 이미 영웅시대의 체육교육과 음

악교육 안에 들어 있다. 플라톤은 '오랜 시간에 걸쳐 발전된' 그리고 '최상의 교육'으로서 신체를 위한 체육교육과 영혼을 위한 음악교육을 들고 있다. 플라톤은 당시 교육을 비판하는 데 있어서 교육의 두 과제를 기초로 삼았다. 이렇게 해서 훈련과 여가의 장소로서의 김나지움과 배움의 장소로서의 학교가 양립하게 되었다. 그리스 교육의 두 범주와 그 조화로운 결합을 우리는 솔론(Solon)에게서 확인할 수 있다. 그리스 교육에서 두 범주의 구분은 인간의 신체와 영혼을 구분하는 것과도 같이 자연스럽게 지속되고 있다. 문법을 독립적으로 구분하는 삼분법에서는 문법과 음악을 포함하는 음악적 예비교육에서 음악적 교육만을 강조한다. 이러한 음악교육은 동일한 교사로부터 오랜 기간 동안 지도를 받도록 구성되었다. 아리스토파네스(Aristophanes)는 〈개구리들〉(희극, 726쪽 이하)에서 그 결과를 다음과 같이 표현하고 있다.

> "우리가 알고 있는 시민은 거룩한 탄생과 고귀한 감각을 지니고 있으며, 훌륭하고 선량하며, 말을 잘하고 고상하며, 정의롭고 선한 남성들로서 신체 단련장, 합창단, 시가(詩歌)를 통해서 잘 교육받은 사람들이다…."

이러한 파이데이아는 학문과 예술로 대변되는 그리스의 총체적 정신의 매우 훌륭한 모습이다. 그것은 우선 교육 그 자체로, 나중에는 국가의 형성과 밀접하게 연관되어 드러나며, 포괄적인 의미에서 학문이나 예술적 창조와는 다르다. 이는 결국 인간성의 형성이나 인격 도야이며, 어느 시대의 문화가 창조해 내는 것이며, 모든 개별적 성취를 가능하게 하는 가장 본질적인 것을 의미한다. 그것은 위에서 열거한 모든 것들의 통일성이다. 우리는 위대한 창조의 기본 골자를 표현해 보고자 한다. 왜냐하면 교육 전체가 국가적 강제가 아닌 윤리적 힘에 의해 국가의 추동을 받아 형성되고 유지되는 것과 같이 파이데이아는 역사적 인식의 한 유형이 되어야 하기 때문이다. 이러한 관점은 심리학적 요소와 관계에 대한 더 높은 견해를 요구하는 강력한 주장으로 보인다. 최대한의 욕망과 최소한의 불만을 추구하는 인간의 본질을 생각해 볼 때 그와 같은 관점으로부터 이러한 모습을 설명하기란 쉽지 않다.

그러한 관점은 교육이 우선 민족정기 안에 깃든 민족정신 전체의 결과물이며, 그것과 함께 자라고, 만개하며, 쇠퇴함을 실증적으로 보여준다. 이에 관한 고전적 예로는 고대 그리스 영웅시대의 교육을 들 수 있다.

2. 영웅시대의 교육

영웅시대의 교육은 어느 국가에서나 하나의 공통적인 유형을 보여주고 있다. 나는 영웅시대를 상공업이 국가의 정신에 영향을 주고, 그 결과 시민계급이 형성되고, 학문의 발달이 수업체계에 영향을 주는 지점까지 한 국가가 발전하는 것으로 보고 있다. 국가의 오랜 동요기에 상위 계층의 일이란 전쟁과 정치적 지도가 전부다. 이와 유사한 단계를 그리스인, 로마인, 독일인, 영국인, 프랑스인이 거쳐왔다. 어느 시대나 수업은 한 민족의 삶의 이상과 실제적 과제에 부응해 왔다. 따라서 학문은 국가의 정신에 아직 영향을 미치지 않고, 상무적(尙武的)인 삶의 이상이 지배적인 시대에는 교육기관도 이러한 특성을 지닐 수밖에 없었다. 전쟁을 위한 신체 도야가 교육의 주요 과업이 된다. 또 이 과업 외에 일종의 자유 도야, 즉 시와 법률적 지식을 제공해 주며 인간의 온전한 본질을 향하는 도야가 들어서게 된다.

영웅시대의 국가교육이 여타의 다른 교육과 구별되는 특성으로 인해 우리는 국가적 삶의 가장 심오한 동인에 대해 통찰할 수 있다. 그리스에서는 다른 민족을 본보기로 삼지 않고 그들만의 고유한 개성의 아름다운 발전을 향한 노력으로부터 신체 및 음악적 도야가 나오게 되었다. 이것이야말로 이제까지 그 어느 영웅시대에서도 발전시키지 못한 가장 아름다운 도야이념이다. 단지 힘만이 아니라 아름다움을 기르고자 했던 신체적 훈련을 위한 넓은 공간, 이러한 도야 이상이 펼쳐진 축제 놀이, 악기를 동반한 시와 합창 수업, 호메로스의 시, 법률, 풍류 시인들의 시 속에 녹아 있는 삶의 지혜에 대한 발표와 암송을 통하여 자유로운 그리스 청년들이 형성되었으며, 결국 이를 바탕으로 이들은 전쟁과 공회당에서의 연설을 준비할 수 있었다.

교육의 개별적인 모습은 부족마다 상이한 형태를 띠었다. 하지만 공통적인 특성을 말한다면 성직자 계급이 교육에 전혀 영향력을 행사하지 못한 가운데 자유국가의 발전과 진보적 학문의 가능성이 엿보였다는 것이다.

도리아족은 크레타에서 빼어난 도시국가를 발전시켰다. 이 국가는 나중에 눈부신 성장을 하게 된다. 도리아인의 전체적인 교육세계의 기본 골격은 가족에서 건장한 청년을 선발하여 집단적 교육을 받게 하는 것이었다. 청년들은 처음부터 자신을 정치적 전사체제의 한 부분으로 여겼다. 크레타에서는 어려서부터 17세가 될 때까지 밀가루 빵는 작업에 참여했고, 그럼으로써 영웅적인 남성의 모범으로부터 영향을 받았다. 이 시기에 이들은 리듬에 맞춰 법률을 암송했고, 신과 용감한 영웅을 찬송했다. 동시에 전사적 놀이를 하면서 스스로를 단련했다. 17세가 되면 국가의 감독하에 결사체(結社體)를 조직하여, 가족의 영향을 전적으로 배제한 채 어느 뛰어난 군인이나 정치가의 통치에 자신을 맡겼다.

이러한 교육은 애국심에서 나온 것이다. 애국심을 지닌 개인은 우선적으로 국가에 속하며, 그다음에 비로소 가족의 일원이 된다. 이런 교육은 그리스 전 역사에 걸쳐 지대한 영향을 미쳤던 스파르타인들의 유명한 헌법을 통해서 지속적으로 발전했다.

플라톤과 아리스토텔레스는 국가 법률과의 올바른 관계 속에서 교육을 검토했다. 이러한 관계 속에서 스파르타의 교육을 살펴볼 수 있다. 여기서 그 교육이 얼마만큼 폭넓게 리쿠르고스(Lycourgos) 법에 근거를 두고 있는지는 별개의 문제다. 스파르타인들은 라코니아 지방의 귀족이었다. 이 집단 내 사람들의 수는 토지 소유자와 귀족을 포함하여 최고 9000명에 달했으며, 젊은 아들들은 식민지를 건설하기 위하여 먼 곳으로 보내졌다. 스파르타의 남성들은 대개 병영(兵營)에서 생활했다. 귀족의 통치계급 남성들 중에서 가장 남성적인 사람이 국가의 권력을 잡을 수 있었다. 국가의 다수를 이룬 사람들은 페리오이코이[15]와 헬로트[16]였으며, 가혹한 지배를 받았다.

이에 따라 오직 건강한 아이만이 남겨져 양육되었고, 나머지 아이들은 펠레폰네소스 반도의 가장 험준한 산맥지대인 타이게토스(Taigetos)에 버려졌다. 아동은 7세까지만 가정에 머물렀고, 그동안 아이들은 혼자 살아가는 법에 익숙해지도록 훈련을 받았다. 그 후 이들은 30세까지 공동의 교육 훈련장에 입소했다. 이 병영에는 적어도 8000~9000명가량의 병사들이 대대(大隊)로 편성되었고, 그 대대는 각기 소규모의 분대(分隊)로 재편성되었다. 30세까지 이들은 적어도 여섯 단계의 과정을 거쳐야 했다. 가혹하게 훈련된 그들의 삶에 관한 이야기는, 믿기 힘들 정도로 윤리적인 고대의 삶을 설명하기 위한 가장 좋은 대상이다.

가장 중요시된 것은 신체 단련 코스였다. 체육은 오직 군사적 목적에 종속되었다. 플라톤 이전 시기까지 체력

---

15) 페리오이코이(perioikoi) : 반자유민.

16) 헬로트(Helots) : 국유 노예.

훈련은 발가벗은 채 실시되었다. 그것은 기초 단계부터 시작하여 변형된 형태의 군사 훈련으로 발전했다. 코스에서 맨주먹으로 싸우는 것은 금지되었다. 또한 전사적이고 종교적인 춤을 부가적으로 다뤘다.

최소한의 교육은 기타 반주에 맞춰 노래를 연습한 것과 산문체로 변형된 리쿠르고스법의 학습에서 찾을 수 있다. 이때 불러진 노래는 내용과 의도에 따라 다양한 모습을 지니고 있었다. 사람들은 도리아족 남성의 고유한 음성과 일곱 줄로 된 기타로 반주했다. 읽기와 쓰기가 금지되지는 않았지만, 스파르타 교육의 체계에 속한 것은 아니었다. 스파르타인들은 배운 것을 암송했다. 여러 가지 학문적 보조 수단들 가운데 오직 실생활에 도움이 되는 암산만이 허용되었다. 남성들과의 지속적인 교제를 통하여 이들은 가장 중요한 것, 즉 명료하고 정확하게 사고하는 법과 간단하면서도 핵심을 찔러 표현하는 법을 배웠다.

훈육은 가장 엄했고, 교육은 완전히 공적(公的)으로 진행되었다. 누구나 교사가 될 수 있었지만 행적에 대해서는 공적으로 상벌이 가해졌다. 축제에서 젊은이들은 자신의 힘과 건재함을 과시했다.

교육이 중요한 역할을 하게 된 주요 동인은 바로 표창에 대한 열망 때문이었다. 교육자가 사고력을 길러주는 것이 아니라 국가에서 필요로 하는 힘을 길러주는 곳에서는 어디서나 이러한 열망이 표출되었다.

도리아주의(Dorismus)의 교육이론가는 사모스 출신의 피타고라스다. 그는 6세기경 이탈리아 남부 지방의 식민지를 개혁했다. 이미 피타고라스로부터 그리스적 교육학의 기본 생각은 싹텄다. 이것은 교육학을 정치학의 하위 영역에 두려는 생각이다. 이러한 관계는 근본적으로 개인의 삶의 과제를 국가의 존속이라는 과제에 종속시키는 데서 나온다.

르네상스 시기부터 점차 개인의 발달을 교육의 목적으로 바라보게 되었다. 이탈리아 공화국의 몰락과 함께 점점 더 분명해진 것은 개인의 교육적 과제가 국가의 과제로부터 분리되었다는 것이다. 마치 삶의 이상과 국가의 법률에 상관없이 개인의 인간성을 발전시킬 수 있는 심리학적 · 교육학적 비책이 있기라도 한 것처럼 혼란이 야기되었다. 이와는 달리 피타고라스 이후 그리스인들에게 제시된 길은 유일하게 가야 할 길이 되었다. 즉 국가의 교육제도는 하나의 전체로서 국가의 삶의 조건과 이상으로부터 도출되어야 한다. 개인의 권리는 바로 현재의 교육학이 소홀히 한 지점에 놓여 있고, 건전한 국가적 삶을 위해서도 대단히 중요하다. 국가의 교육제도는 저마다의 개인적 재능이 다양한 진로 간의 자유로운 의사소통을 매개로 자신은 물론 전체를 만족시킬 수 있는 방향으로 발전되어야 한다. 계급적인 헌법에서 이러한 과제는 전혀 찾아볼 수 없다. 우리의 경우 이러한 방향으로의 급진적 개혁을 주장한 사람이 바로 슐라이어마허다. 그의 위대한 정치적 방식은 고대에 빚지고 있는 삶을 존중하는 것이다.

피타고라스학파에서 개별교육과 국가교육을 연관지으려는 이유는 기본적으로 다음과 같다. 교육의 목적은 개인으로 하여금 국가의 유지에 적합한 사고 능력을 개발시키는 것이다. 이러한 사고 능력은 오랜 세월 속에 발전된 격언, 법률, 국가 전체의 정신적 성취를 포괄하는 종교적 사고 안에 주어져 있다.

이러한 요소들 속에 가장 중요한 교육내용이 담겨 있다. 이러한 사고 능력과 함께 도리아족 청년의 고유한 삶의 방식을 통하여 의지가 개발되었다. 도리아식 교육의 측면에서 감정은 음악을 통하여 정치적 과제에 상응하도록 조절되었다. 이러한 생각은 그리스의 수업체계에서 가장 수수께끼 같으면서도 특유한 것 중의 하나다. 그리스 민족, 그중에서도 도리아인들은 음악을 모든 지적 보조 수단에 필적할 만한 중요한 교육요소로 간주했다.

피타고라스는 실제로 도리아식 교육의 위대한 교육자다. 하지만 그는 이오니아 태생이며, 유럽 학문이 탄생했던 6세기 무렵 위대한 지적 혁명기의 지도자 중의 한 사람이다. 그는 당시 발전하는 학문을 자신의 교육체계 속에 받아들임으로써 도리아의 국가적 이상을 넘어섰다. 즉 당대에 최고의 천재였던 수학과 철학, 그리고 문법과 논리 연구의 단초 등이 그것이다.

피타고라스학파의 교육이론은 그리스 이론가들의 위대하면서도 풍요로운 기본 사고, 즉 국가의 이상적 의지하에서 의지와 감성을 엄격하게 훈육하고, 아무런 제약 없이 학문적 사고를 자유롭게 펼칠 수 있도록 하는 사고를 그 안에 담고 있다. 도리아족의 국가는 그와 같은 교육체계에도 불구하고 패망했다. 왜냐하면 학문의 성장을 억제함으로써 스파르타는 소유욕이나 군사적 명예욕과 같은 이기적 동기를 무제한적으로 확장하는 결과를 가져왔기 때문이다. 이오니아 국가들은 엄밀한 훈육의 결여로 인하여 패망했다. 그리스의 교육이론가들은 모두 그리스 국가들에 널리 퍼져 있었던 교육제도 간의 대립을 해소하려는 방향으로 작업을 했다.

이오니아의 교육은 도시국가 아테네에서 최고조로 발전했다.

3. 그리스적 파이데이아의 체육적 특성

신체교육은 그리스 파이데이아의 한 부분을 이루며, 이 점은 그리스 교육의 전형적인 특징을 보여준다. 왜냐하면 그리스 정신의 독특한 강점 안에서 그리스 교육은 예술과 더불어 기초가 형성되었기 때문이다. 그리스인의 사고는 직관으로부터 풍요로움을 더하게 되었다. 그들의 행위는 운동을 직접적으로 향유하는 것으로 채워졌다. 이러한 감성적 생동감과 생기발랄함은 그리스 부족이라면 누구나 지니는 천성과도 같은 것이다. 이상주의자였던 그리스인들에게는 놀이, 음악, 조형예술이 중요한 의미를 지니고 있었다. 그들은 신체교육에도 커다란 의미를 부여하고 있다. 그렇다고 신체교육이 단순히 몸의 단련만을 의미하는 것은 아니다. 단순한 체조와는 달리 그리스 신체교육은 정신적 삶의 요청과 신체에 대한 의무 사이의 균형을 이루려는 욕구에서 나온 것이다. 건강상의 이유로 신체의 건강을 염려하는 소심함은 이들 유쾌한 부족에게는 알려지지 않았다. 이들의 신체교육은 놀이 및 삶의 기쁨과 연관되어 있고, 정신적이고 윤리적인 삶에 깊은 영향을 주었다.

이러한 신체교육은 두 단계를 거쳤다. 18세가 될 때까지 아이들은 놀이를 하고 훈련을 받은 후 에페베[17]로 받아들여지고, 그런 다음 에페베의 신체교육을 받는다.

그라스베르거(Grasberger)에 따르면 첫 단계에서 놀이와 훈련이 각각 구분되며, 아이가 점차 커가면서 놀이보다 훈련에 더 많은 비중이 주어진다.

아이들의 놀이는 어느 민족에서나 매우 흡사한 면모를 지니고 있다. 놀이가 어느 민족의 교육에서나 매우 중요하기는 하지만 어디서나 그렇게 간주되는 것은 아니다. 놀이의 의미는 실러(Schiller)에 의해서 가장 심오하게 표현되었다. "인간은 오직 놀이를 통하여 온전한 인간이 된다." 왜냐하면 놀이를 하면서 찰나의 현존재는 그 자신 이외에 어떤 다른 목적도 갖지 않기 때문이다. 감정적인 삶이란 만족을 가져다주는 영상이나 상황 속에서 만족을 느낀다. 그처럼 놀이는 사교와는 아주 밀접한 관계이며, 이 둘이 모여서 예술을 구성한다. 장 파울(Jean Paul)이 말하기를, "놀이는 인간의 최초의 시다". 그리스인들에게 놀이 개념은 확장되었으며, 다른 어느 민족에서 찾아볼 수 없는 의미를 지니고 있다. 놀이는 그들에게 단지 신체의 관리

---

17) 에베페(Ephebe) : 청년 혹은 장정.

에만 도움을 준 것은 아니다. 또한 그리스 신들도 그들에게 친구였다. 플루타르코스의 《영웅전》에서 아이들이 가장 좋아하는 일은 놀이를 하면서 즐거워하는 것이다. 이미 돌아가신 조상들도 엘리시움[18]의 공연을 본 후 놀이를 즐겼다. 그리스의 아이들은 오늘날의 아이들처럼 팽이놀이, 말타기, 공놀이 등을 했다. 그들은 그네와 대말을 사용했다. 그라스베르거는 매우 자상하고도 철저하게 이러한 놀이에 대한 윤곽을 드러내 주고 있다. 그는 아이들이 순수하게 재미를 즐기는 놀이와 신체적 훈련을 촉진하는 놀이를 구분하고 있다. 놀이에서 훈련으로의 전환점은 여기서 찾을 수 있다.

놀이와 달리 훈련은 교육자와 교사에 의해서 규칙적으로 이루어졌다. 훈련은 신체 단련을 목적으로 가르치는 사람이 주도하여 이끌어가는 신체적 활동이다. 7세가 되면 가르치는 노예[교복(敎僕, Paedagoge)]가 이제까지의 유모의 역할을 대신하게 된다. 그가 아이들을 보살피고 지도한다. 플라톤의 생각과 흡사한 책을 쓴 악시오코스(Axiochos)의 저술에는 다음과 같은 내용이 있다. 7세가 되면 아동의 지도는 엄격한 학교의 규칙하에서 오랫동안

---

18) 엘리시움(Elysium) : 선량한 사람들이 죽은 후 사는 곳.

실시되었다. 이때 신체교육과 음악교육이 동시에 이루어졌는지 혹은 신체 도야의 근본적 중요성의 원리에 따라 신체교육이 더 우선시되었는지는 논란의 여지가 있다. 하여간 그리스 시대에는 7세경에 신체교육이 활발히 전개되었다.

신체교육이 이루어진 장소나 기관은 팔레스트라(Palaestra)다. 그것은 부드럽고 평평한 바닥으로 이루어진 자유로운 공간을 필요로 했다. 변덕스러운 날씨에 맞서 훈련받는 사람을 보호하기 위하여 건물이 생겨났다. 땀과 먼지를 정화시키기 위하여 목욕탕도 필요했다. 이렇게 해서 화려한 건축 외관을 지닌 투기장으로 발전했고, 나중에 김나지움이 탄생했다. 여기서의 의문점은 아이들의 훈련장인 팔레스트라와 김나지움이 어떤 관계가 있었는가 하는 점이다. 김나지움이라는 이름은 이 시기에 처음으로 등장하며, 어원적으로 '발가벗고 훈련하다'라는 의미를 지니고 있다. 이 질문에 대한 답은 하제, 베르크, 헤르만, 그라스베르거 등에 의해서 다양하게 전개되었다. 하지만 이 질문에 대한 답을 찾는 일은 쉽지 않다. 왜냐하면 어법이 항상 변할 뿐만 아니라 국가와 시대에 따라 시설물도 천차만별이기 때문이다. 스파르타에는 아마도 모든 단계의 신체교육을 전담할 수 있는 공설 김나지움이 있었을 것이다. 반면 아테네 교육의 고전기에는 분명 국가가 운영하며, 모든 시민들에게 개방된 커다란 김나지움이 있었으며, 이와 함께 사설로 운영되는 아이들의 훈련장인 여러 개의 팔레스트라가 있었던 것으로 보인다. 이들 팔레스트라는 김나지움과 직 · 간접적으로 연관을 맺고 있다. 어떤 경우에는 상호 관련 없이 완전하게 분리되어 있었다. 어떤 경우든지 간에 팔레스트라는 아이들의 훈련장이었고, 사설 운영기관이었다. 16세가 되면 아이들은 팔레스트라를 나와 더 큰 공설기관인 김나지움에 들어갔다. 솔론 시대 이전의 아테네에는 두 개의 김나지움이 있었고, 페리클레스 시기에 세 번째 김나지움이 생겼다. 이 김나지움 또한 신체적 훈련을 위한 기관의 역할을 했다. 나중에 김나지움이 철학학교와 결합하면서 김나지움이라는 단어는 비로소 현대적 의미를 획득하게 되었다.

사람들은 종종 그리스 도자기에서 수염을 기르고 서 있는 남성상을 본다. 이 사람은 옷을 입고, 손에는 올리브 가지나 지팡이를 들고 있으며, 자세는 약간 앞으로 구부린 채 막대기에 의지하고 있다. 그 사람 주변에 옷을 입지 않은 몇몇 소년들이 씨름을 하듯 빙 둘러 있거나 멀리뛰기, 던지기, 레슬링을 하고 있고, 그들과 약간 떨어진 곳에 수염을 기른 사람[헤르메스의 주상(柱像)]이 있다. 이 모습이 고대 그리스 팔레스트라의 한 장면이다. 수염을 기른 사람은 이 훈련장의 책임 교사(Paedotribe)에 해당된다. 신체적 훈련의 기초 단계에 있는 이 교사는 지식의 기초 단계에 있는 교사와 철저히 분리될 뿐만 아니라 나중에 신체를 체계적으로 훈련시키고 육상을 준비해 주는 김나지움 교사와도 구분된다. 아동은 가르치는 노예를 통하여 이 교사에게로 인도된다. 가르치는 노예(paidagogos)는 독일의 '가정교사(Hofmeister)'에 해당된다. 이오니아 부족의 부유한 가정에서는 그 능력에 따라 이러한 역할을 부여하는 경우가 대부분이다. 플라톤의 대화편 《리시스(Lysis)》는 가르치는 노예와 교사가 어떻게 서로 도움을 주었는지 잘 보여 주고 있다.

> 소크라테스 : "너를 지도할 사람이 있는가?"
> 하인 : "네, 아이들을 지도하는 사람(Paedagoge)이 여기 있습니다."
> 소크라테스 : "그 또한 노예인가?"
> 하인 : "노예가 아니면요?"
> 소크라테스 : "하지만 자유인인 네가 노예의 지도를 받는다는 것은 너무한 것이 아닌가? 이 가르치는 노예는 도대체 어떻게 너를 지도하는가?"

하인 : "그는 나를 교사로 이끌어주지요."

소크라테스 : "그 사람, 즉 그 교사가 너에게 명령도 하느냐?"

하인 : "물론이지요."

소크라테스 : "그래, 네 아버지가 심히 의심이 갈 정도로 네게 많은 어른들과 명령자를 내세운 것은 아닌가?"

그리스 교육의 제2단계는 청년교육(Ephebenbildung)이다. 이 교육은 소년기 교육을 전제로 한다. 이 시기부터 그리스 사람은 실제적 삶으로 들어서게 된다.

소년은 나중에 청년(ephebos)이 된다. 그 표현은 사춘기의 진입과 함께 시작된다. 청년기와 관련된 이 언어의 용법은 매우 다양하다. 왜냐하면 이 표현은 생리학적 발달단계를 의미할 뿐만 아니라 법적으로 규정된 시기도 의미하기 때문이다. 교육의 단계에서 이 시기는 에페베로 수용되는 조건하에서 사용된다. 우선 16세에서 18세까지의 아동은 커다란 김나지움의 한곳을 다니게 된다. 그런 후 언어를 유창하게 구사하면서 아테네 시민명부에 등록이 된다. 시민권의 획득은 18세가 되어야 가능하며, 그 이전에는 불가능하다. 이 시기부터 젊은 아테네인은 법적 독립성을 갖게 되며, 결혼을 할 수 있고, 법정에 단독으로 나설 수 있다. 에페베 훈련을 받고 2년이 지난 후에야 비로소 그 청년은 완전한 시민권을 획득하게 된다.

에페베는 형식상 군사학교의 성격을 지닌다. 숙련된 훈련교관 아래서 그리스 청년들은 훈련을 받고, 완전무장을 하고 검술을 익혔으며, 진군했다. 활쏘기와 창던지기도 훈련했다. 말타기 수업과 아테네 반도에서의 진군 훈련도 받았다. 그렇게 함으로써 그들은 사무와 자기 지역의 영토를 알게 되었다. 고대 비문의 기록을 보면 그리스 청년 전사들이 1년 중 얼마나 자주 무장을 한 채 질서정연하게 이곳을 찾았는지 알 수 있다. 그들은 아티카(Attica) 반도의 경계선을 따라 행군하면서 영토와 도로에 대한 지식을 다졌던 것으로 보인다.

이처럼 그리스인, 특히 아테네인들의 김나지움 교육은 아이들의 놀이 단계에서부터 전사 단계에 이르기까지 철저하게 진행되었다. 이러한 관점에서 이 교육은 미래 독일의 국가교육의 좋은 본보기가 된다. 현대사회의 분업화는 개개인들의 성취가 살아 있는 인격으로부터 분리된 채 마치 기계의 한 부분과도 같이 집단이나 행정의 전체적 성과에 연관되게 하는 결과를 초래하고 있다. 이러한 상황에서조차도 고대 김나지움 교육에 상응하는 신체교육이

재생될 수 있다. 체조 시간은 고대의 체조 시간에 연결되고 있으나, 놀이의 즐거움, 경쟁과 싸움에서 요구되는 윤리 능력, 다음 시기의 신체적 과제와의 연관성이 결여되어 있다.

4. 역사적 발달로 본 그리스적 파이데이아의 음악적 특성

그리스 교육의 또 다른 측면은 수업에 있으며, 이 수업은 그리스 초기로 국한된다. 그리스 사람들은 수업의 성취 능력에 대해 매우 합리적인 생각을 지니고 있었다.

교육이나 수업의 원천적 바탕은 가정에 있다. 아버지가 아들의 교사가 되는 것은 고대에 흔히 볼 수 있는 이상적인 요청의 하나다. 하지만 아버지는 매우 노하기 쉬운 존재로 부각되었다.

고대 그리스 시대의 교사는 다음과 같이 구분될 수 있다.

초등교사 : 읽기, 쓰기, 셈하기 등이 수업의 대상이다.

문법교사 : 언어 학습을 하도록 학문적으로 준비시키는 사람이다.

어학(philologos)과 비판(kritikos)은 고등수업 단계의 교수 기술의 두 가지 측면을 나타내고 있다. 이들과 구분되는 교사로서 나중에 등장하는 음악교사가 있다. 그는 합창반을 운영했다.

수업하는 공간을 그리스 사람들은 '교실(didaskaleion)'이라 불렀다. 이 시설은 초라했고, 대개는 거리나 광장에서 수업이 진행된 나머지 학생들이 돌 위에 앉아 수업을 받아야 했다. 완고하게 아이들에게 기초교육을 했던 교사들은 조롱을 받았다. 시장 주변, 지붕이 있는 저택의 공간이나 가게 등이 교실로 활용된 것은 그나마 다행이었다. 상급 수업의 단계에 가서야 비로소 적절하게 치장된 독립 공간이 마련되고 있었다. 오늘날 '학교'라는 용어는 원래 여가를 의미하는 스콜레(schole)나 스콜라(schola)다. 여기에서 전공, 학업이라는 단어가 나오게 되었다. 교육 장소를 뜻하는 '교육장(paidagogeion)'은 수업의 장소, 즉 교실과 유사한 의미를 지닌다.

교사를 위한 정규적인 예비교육은 존재하지 않았고, 그들의 업무는 전적으로 사적인 것이었다. 그리스인들뿐만 아니라 로마인들에게서도 초등교사의 신분은 외적인 압력을 받았을 뿐만 아니라 보수가 매우 낮았다. 중등학교 교사에 해당하는 문법교사 또한 월급은 적었지만 존경을 받았다. 고대에는 직업적 활동에 대한 일반적 편견이 상존했고, 이 부분은 의사 또한 예외가 될 수 없었다. 빈약한 월급을 받았던 교사는 다른 임금노동자와 같은 위치에 있었다.

루시안(Lucian)은 지하세계에 대한 해학적인 기술에서 이 세계의 왕과 총독을 저승의 거지, 어부, 교사가 되게 하고 있다. 왕좌에서 물러난 시라쿠사(Siracusa)의 독재자 디오니시오스(Dionysios)의 숙명을 표현하는 속담에 다음과 같은 것이 있다. 그는 평생 동안 코린트(Corinth)에서 아이들의 교사로서 봉직했다. 당시 회자되던 말 중에 "그 사람은 죽었거나 아니면 학교 선생이 되었어"라는 표현이 유행했다. 데모스테네스(Demosthenes)는 애시네스(Äschines)를 비아냥거리는 곳에서 엉터리 학교에서의 행동을 다음과 같이 묘사하고 있다.

"당신 이외의 사람을 경멸하는 그대 잘난 사람이여, 이제 그대의 운명도 나와 같이 되리니. 그대를 무한한 욕구를 지닌 아동으로서 자라게 할 것이니, 그대는 그대의 아버지와 함께 학교에서 근무를 하며, 잉크를 채워 넣고, 책걸상의 먼지를 닦아내며, 교실을 청소해야 할 것이다."

이처럼 사람들은 노예들 가운데서 쓸모없는 사람들을 골라 아이들의 교사로 삼았다. 과수를 수확하던 노예가 어떤 날 나무에서 떨어져 다리가 부러졌을 때 그 주인이 하는 말은 다음과 같다. "자, 이제 그는 교사가 되었도다."

고대 시대에는 정신교육을 음악교육으로 불렀다. 이 교육은 읽기, 쓰기, 셈하기, 호메로스와 같은 시인들과 친숙해지기, 음악수업을 포괄했다.

고대의 단순한 생활 형편에서는 단지 문법과 음악 수업을 위한 교사가 존재할 뿐이었다. 그러므로 사람들은 무시케(musike)란 표현으로 근원적 수업의 전체 범주를 표시했다. 이 표현은 아테네 시민들에게 널리 공유되었다.

알파벳 철자를 배우는 일이 물론 모든 교육의 기초가 되었다. 다양한 방식으로 당시 사람들은 철자법을 배우고자 했다. 철자로 구성된 비극의 단편이 지금도 남아 있다. 아버지가 매우 많은 비극을 설명하던 시대에 그것은 아이들로 하여금 문자를 쉽게 배울 수 있게 했다. 가령 합창할 때 자음과 모음을 잘 결합하여 노래를 할 수 있게 한다거나 연극의 형태로 구체화할 수 있도록 했다.

그리스인들은 호메로스를 가장 탁월한 교재로 삼았다. 그리스 음악교육의 핵심은 호메로스에 들어 있다. 그리스인들은 그를 모든 정신적 삶의 창설자로 추앙했다. 영웅적 삶의 감각, 전사적 힘의 평가, 국가적 통일성에 대한 의식, 가장 오랜 영웅적 삶의 역사적 감각이 그로부터 솟아 나왔다. 그리스 민족 이외의 어느 다른 민족에게서 서사시의 독보적인 위치를 찾아볼 수 없다. 이것이야말로 그리스 문화의 미적 정신을 특징지어 주는 요소다. 하지만 우리는 이제야 비로소 당대의 시인들에게 이러한 위치를 부여하려고 노력하고 있다. 청년교육에서 호메로스의 위치는 그리스의 모든 부족과 신분에 공통적으로 통용되었으며, 실제로 국가적 교육 수단과도 같은 의미를 지녔다. 호메로스는 실제로 완선히 영웅적인 생각과 함께 유일하게도 아동기의 상황, 경향, 정서에 잘 부합했다. 나중에 헤르바르트는 이러한 사고를 실행하고자 했다. 그는 교육을 그리스인들로부터 시작해야 한다고 강조하면서, 호메로스를 통해 아이들이 이러한 언어를 숙련해야 한다고 했다. 그는 한때 페이디아스(Pheidias), 아낙사고라스(Anaxagoras), 소크라테스를 가르쳤던 책을 가지고 독일의 아이들을 가르치고자 했다.

다른 시인들도 추가되었다. 플라톤은 이미 크레스토마티엔(Chrestomathien)을 섭렵한 것으로 보인다.

그리고 여기서 시인을 통한 기초수업이 음악수업으로 전환된다. 플라톤의 유명한 대화편 《프로타고라스

(Protagoras)》에서 아이들은 읽기를 배워 시인들의 시를 읽는다. "이외에도 고대 그리스 현악기인 리라(Lyra) 연주법을 배울 때, 다시 말해서 노래하듯이 시를 암송하는 음유시를 다룰 때 속도와 음색이 아동의 영혼에 익숙하도록 했다." 이와 같이 리듬과 곡조가 인간의 영혼 속에 스며들게 했다.

이러한 기초 위에서 문법수업이 전개되었다. 이미 초등교사에게서 사람들은 정확한 발음과 멋진 강연을 들을 수 있었다. 문자 혹은 문법 학교에서 기술적인 문법과 수사학을 가르쳤다. 시인들이 해석되었다. 언어와 화술의 기술적 관점들이 발전하면서 그의 과제 또한 증가했다.

이것이 바로 테미스토클레스(Themistocles)를 빼어난 오성의 소유자로 만들었던 수업의 총체다. 이러한 수업은 이후에도 존속했다. 아리스토텔레스는 미술수업을 이러한 일반적인 수업에 추가할 것을 제안했다.

음악과 문법 교육은 파이데이아 안에서는 공통의 목적으로 연결되어 있다. 전인적 인간의 미적 형성, 전사적이면서도 삶을 사랑하는 힘의 개발은 서로 적대 관계에 놓여 있는 작은 폴리스 안에서 생업의 대부분을 노예의 노동에 의존하는 상황이었음에도 그리스 시대의 위대한 교육적 이상을 이루었다.

이러한 파이데이아의 성격을 이제까지의 논의를 바탕으로 종합해 본다. 그리스인의 정신은 놀랄 만큼 다양성을 보이고 있다. 스파르타인은 무미건조한 특징으로 인해 비판받아 마땅하다. 아테네의 학교는 그리스 영토 전체에서 이상적인 학교가 될 만한 명성을 지니고 있었다. 도리아적 요소와 피타고라스적 요소의 친화에서 오는 은밀한 내면성과 침묵의 존중이 아테네인들의 현란한 수사와 날카로운 대조를 보이고 있다. 그럼에도 불구하고 도리아적 요소와 아테네적 요소 산에 공통짐은 있다.

첫째, 도야는 근본적으로 미적이다. 그것은 일반적으로 인정되는 종교적 신조와는 무관하다. 호메로스의 전투적 정신에 대한 자각이 사라지면서 미적 분야도 뒷전으로 밀려나게 된다.

둘째, 경제적 삶에서 노예의 위치를 볼 때 파이데이아는 직업교육이 아니라 자유로운 인간의 일반 도야다. 다양한 일화에서 속물적인 의미를 조롱거리로 만들고 있다. 유클리드(Euclid)의 학생과 관련된 유명한 일화 중 하나를 소개하면 다음과 같다. 어느 날 교사가 학생을 가르치기 시작했는데 그 학생이 곧 질문하기를, "그것을 배우면 무슨 도움이 되나요?" 그래서 유클리드는 다음과 같이 창피를 주었다. 유클리드는 그 학생의 동료를 불러서 이렇게 말했다. "그에게 동전 반 푼만 주게나. 배우면 무엇이 나오는지 내게 물어보았으니 말일세."

셋째, 그러므로 교육은 가장 먼저 배우려는 욕구와 명예욕을 움직여야 한다. 자유로운 학문의 탐구는 올바른 것이며, 목적을 향하고 있다. 하지만 강요하는 것은 좋지 않을 뿐만 아니라 무목적적이다. 어떤 지식이라도 자유인에게 천박하게 가르쳐서는 안 된다. 강요된 노동이 육체에 해로움을 주지는 않겠지만 강요된 인식이 영혼에 안착할 리 없다. 배움의 동기는 동기를 부여하는 욕구와 나란히 '항상 최고가 되고자 하고, 다른 사람보다 좀 더 앞서려는' 인식욕의 바탕을 이루게 된다. 그러한 명예욕은 올림픽 정신, 시인과 예술가의 논쟁, 모든 고대의 창조력의 바탕이 되는 것이며, 고대 초창기를 다양하면서도 자유를 표출하는 동인으로서 추앙하게 만드는 것이다.

넷째, 그리스인들의 다면성과 그들이 지닌 흥미의 다면성이다. 소크라테스는 파이데이아를 축제 행렬이나 휴일에 모여든 군중에 비유하고 있다. 여기서 바로 산만한 만능재주꾼의 위험성이 등장한다. 플라톤은 누구나 자신의 본분을 다해야 한다고 말한다. 유베날리스(Juvenalis)의 희극에서 로마인들은 "모든 것을 할 수 있으나 명령에 의하여 스스로 하늘로 올라가는 기아에 굶주린 그리스"를 조롱하고 있다.

5. 소피스트, 수사학자와 수사학교들

페르시아와의 해방전쟁에서 국가의식이 비약적으로 성장한 후 커다란 변화가 일어났다. 사회의 구질서는 개인의 자유로운 활동에 보다 많은 기회를 부여했다. 대규모의 교역장에는 처음과는 달리 일반적인 부가 형성되었다. 구정치질서의 조직은 느슨해졌다. 하지만 동시에 기원전 5세기 중엽부터, 학문의 탄생 과정 이래 그 어떤 사고의 변화에도 견줄 수 없을 만큼 깊이 정신적 영향을 준 지적 전환이 일어나게 되었다. 형이상학적 체계가 서로 치열한 경쟁을 했고, 그 경쟁의 틈바구니에서 회의적 정신이 성장하여 마침내 독립적 의식으로 통용되었다.

이처럼 서로 다른 영역이면서도 소피스트의 시대정신에 공통적으로 영향을 준 두 과정이 만나게 되었다.

교육 내에도 고등교육의 필요성에 대한 요청이 생겼다. 문자의 영역이 확대되었으나, 새로운 질서를 창조했던 욕구에 더 이상 부응하지 못했다. 커다란 도시에서는 수사의 힘이 명예욕을 충족하고, 경제적 부를 유지하고 모으는 중요한 수단으로 자리를 잡았다. 시민들의 회의, 법정 소송, 군 조직의 명령적 위치에서조차 수사의 예술을 필요로 했다. 이로써 이러한 욕구를 충족시켜 줄 새로운 신분의 사람들이 생기게 되었는데, 이들이 바로 소피스트였다. 이에 따라 학문 내에서도 변화가 생겼다. 학문 내에서 지금까지의 자연 인식의 시도와는 다른 회의적 정신이 생겨난 것이다. 사람들의 관심의 방향에도 전환이 일어났다. 정신적 삶과 국가적 삶을 조화롭게 영위할 수 있는 기술이 전면으로 부각되었다. 이렇게 문법, 논리학, 수사학, 정치학이 생겨났다. 두 요소가 만나면서 소피스트 학파가 역사적으로 탄생하게 된 것이다.

'소피스트'라는 표현은 '소포스(sophos)'에서 나온 말이며, 정신적으로 빼어난 사람을 가리킨다. 이 표현이 점차 이러한 부류의 사람들로 구성된 특정한 계급을 지칭하는 데 사용되었다. 그들은 스스로를 소피스트라 칭하며, 이 도시 저 도시를 돌아다녔다. 그들은 상당히 높은 수준의 수업을 했으며 그에 상응하는 높은 보수를 받았다. 이들은 당시 상당히 존경을 받았던 것으로 보인다. 그 이유는 무엇보다도 거의 무한에 가까운 장점을 지닌 것으로 보이는 기술로 높은 보수를 받았기 때문이다. 이 일을 수행할 수 있는 능력은 분명 예사롭지 않은 대목이 있었던 것 같다.

매우 뛰어난 언변이 있는 사람에게조차도 이 사람들은

실제의 수사 기술을 전수할 수 있었다. 매우 뛰어난 학자들에게도 이들은 직업 정치인에게 요구되는 학문적 기초를 제공할 수 있었다. 이처럼 이들의 수준 높은 수업은 초등교사, 문법교사, 음악교사의 통상적인 수업과는 차이를 보였다.

교육사적 위치에서 살펴볼 때 소피스트는 분명 그리스 교육제도에서의 자연스러운 진보를 보이고 있다. 그들의 고등수업은 필수가 되었고, 그 이후 변화무쌍한 형태로 고수되었다. 그들은 이전까지 개별적 성인의 몫으로 남아 있던 모든 대상들을 수업으로 끌어들였다. 가령 논리학, 수사학, 정치학, 자연과학의 특정한 문제들을 수업에서 다루게 된 것이다. 이러한 대상들은 자유 도야를 위한 의미로 다루어졌고, 곳곳에서 학문적 진보를 촉진하는 결과를 가져오게 되었다. 프로타고라스(Protagoras)는 자신의 수업에서 정치적 기술을 가르쳤다. 고르기아스(Gorgias)는 수사학적 기술로 언어와 수사의 수단을 섬세하게 연구했다. 히피아스(Hippias)는 자신의 수업을 자연과학으로까지 확대했다. 트라시마코스(Thrasymachos)는 수사학적 기술을 계속적으로 발전시켰다.

하지만 다른 측면에서 보면 소피스트의 수업은 사람들의 정신을 산만하게 하고 타락시키는 점이 있었다. 이렇게 된 것은 배후에 두 가지 상황이 결합되면서부터다. 다시 말해서 사적인 수업체계와 그리스 정신의 쇠락이 만나게 된 것이다. 사적인 수업체계가 당시 교육비를 지출하던 대다수 대중의 요청과 욕구를 받아들일 수밖에 없게 된 것이다. 그리하여 교육제도의 진보가 그리스적 삶의 쇠락을 가속화시키는 결과를 초래했다. 이러한 간략한 고찰만으로도 우리의 학교제도를 사적 기관 혹은 공적 기관으로 분리하고자 하는 망상가들을 반박하기에 충분할 것이다.

이러한 소피스트의 입장은 소피스트의 전후 세대를 구분해서 살펴보면 매우 분명해진다. 왜냐하면 소피스트 후기 세대는 전혀 새로운 정치적 조건에서 등장했고, 국가·법·종교에 대해서도 급진적인 입장을 견지했기 때문이다.

소피스트 1세대에는 프로타고라스, 고르기아스, 프로디코스가 속하며, 2세대로 이어준 과도기 인물로는 히피아스를 들 수 있다. 펠레폰네소스 전쟁의 해체적 작용의 영향을 받은 소피스트 2세대로는 트라시마코스가 전형적이다. 그는 철학의 기술과 관련하여 탁월성을 보여준 인물이다.

이러한 소피스트들의 활동에서 고대 수사학교가 생겨

났다. 그리스인의 공적인 삶, 시민회의, 법률 소송, 축사에서는 탁월한 언변을 필요로 한다. 청아한 목소리로 인물을 아름답게 묘사하고, 우아한 몸짓과 분명한 어조와 리듬으로 말하려는 매우 활기찬 노력이 삶에 침투했다. 그러면서 소피스트에게 부과된 고등수업이 수사학교에서 자리를 잡게 되었다. 이 과정은 3년에서 4년간 지속되었다. 이 학교는 나중에 로마제국 시기에도 확대되어 키케로, 세네카, 퀸틸리아누스를 매개로 르네상스 시기 초기 김나지움 형성에 본보기가 되었다.

소피스트가 유발한 교육학적 동요로부터 그들의 수업과는 전혀 다른 전적으로 개인적인 교육학적 활동이 전개되었다. 이것을 바탕으로 플라톤학파가 형성되었고, 이 안에서 전인적인 요소를 확고하게 갖추게 되었다.

6. 그리스 교육이론의 기초

이제까지 우리는 그리스 파이데이아에 관해서 논했다. 그리스 교육의 근원을 되돌아볼 때 그것이 개별 인간의 의도에서 나온 것이 아니라 전체 정신에 기원을 둔 그리스적 정신의 결과임을 알 수 있다. 이러한 관계 속에서 언어, 법, 종교에 관해 역사학파가 규정한 명제들을 그리스 교육에 적용해 볼 수 있다. 우리가 여기서 알 수 있는 것은 인간 영혼에 깃든 구성력이 그러한 역사적 산물 속에서 표현된다는 것이다. 이것이 영혼 속에서 제우스가 비추는 화롯불의 불꽃이다.

이러한 파이데이아는 제한된 역사적 조건하에서 보편타당한 교육을 실현하는 것이 아니라 민족성의 내면에서 탄생한 이념을 실현하는 것이다. 즉 그것은 감각적 현상에서의 내면적인 것과 시각적 영상 속에서의 사고, 신체적 운동 속에서의 의지 행위, 언행과 몸짓에서 영혼의 과정을 소유하는 것 등이다.

한편에 실제 교육으로서 파이데이아가 존재한다면, 다른 한편에는 교육이론으로서의 교육학이 존재한다. 헤겔이 말한 바 있듯이, "국가적 삶의 황혼 녘에 미네르바의 올

빼미는 날개를 편다". 이 문장은 올바른 역사적 관찰의 중요성을 강조하고 있다. 국가의 전체 정신이나 민족성에서 나온 정신적 창조물의 목적을 정립하고, 학문적으로 논증하며, 그러한 과제를 학문적으로 밝힘으로써 그 공과를 촉진하려는 과업이 부각되는 것은 무의식적이고 비성찰적인 교육의 힘이 지나가고 난 다음이다. 법칙 설정은 물론 인간의 의도적 행위, 즉 교육적 행위를 동반한다. 민족성에 자리하고 있는 목적에 대한 표현이나 교육의 목적에 대한 표현은 솔론과 같은 사려 깊은 정치가라면 어느 시대에나 찾게 마련이다. 하지만 민족정신에 관한 확신이 사라진 후에야 비로소 그러한 생각을 공고히 하려는 시도가 필연적으로 생기게 된다.

그리스의 경우가 바로 정확하게 그와 같은 경우에 해당된다. 왜냐하면 다신교적이고 신화적이며, 시인들로부터 일정한 자양분을 얻었으며, 지역적인 제의(Kult)와 사랑 그리고 도시의 신과 영웅들에 대한 믿음으로 얽힌 종교성은 고대 시민의 영역이 확장되면서 일찍이 와해될 수밖에 없었기 때문이다. 이것이 정치적 절충주의와 미적 도야로 흘러들어 갔다. 이와 함께 교육은 굳건한 기반을 잃었다. 왜냐하면 그리스 교육의 핵심은 항상 삶을 구상할 수 있는 확신과 그 안에서 정립된 강인한 성격에서 찾아볼 수 있기 때문이다. 소피스트의 수업은 대담한 회의주의 안에서 인성교육을 거부하고, 지적 능력의 훈련에 요구되는 기술적 보조 수단만을 제공하고자 했다. 수사학교 또한 확실한 기반을 제공하지 못했다. 그래서 철학학교를 통하여 사고와 학문에 근거한 교육적 확신을 얻고자 했다. 이러한 새로운 확신은 국가와 전체의 관심을 위하여 개인들의 삶을 보장해 주는 학문적 근거로부터 종교적 확실성을 굳건하게 하는 요청에 부응해야 했다.

그리스 아테네의 페리클레스 대왕의 동시대인이자 친구였던 아낙사고리스는 학문적 기초를 닦아놓았다. 그 기초는 성좌의 규칙적인 운동과 만물을 움직이는 최초 동인의 단순한 결합에서 찾을 수 있다. 이처럼 그는 우주의 현상적 운동 속에서 미완의 천문학적 연관 관계를 확인하기 위하여 세계이성에 관한 학설을 정립했다. 이때 세계이성은 우주의 구성 요소 자체에 따라 다양하며, 우주의 합목적성의 근원이 된다. 이 학설은 유럽의 학문적 형이상학의 구심점을 이루었으며, 기독교에 수용되어 이후 확장 및 강화되었다.

소크라테스와 그의 학파는 우주진화론의 고전적 방식으로 유일신주의를 논증하여 확고한 인식근원에서 문장 하나하나를 방법적으로 유추하려는 사고체계를 확립했다. 물론 소크라테스는 오직 국가의 의무 수행을 위한 새로운 세대의 교육만이 가능하다는 의식 안에서 그 문제와 씨름했다. 플라톤은 그러한 사고연관을 통하여 시민의 진정한 과제를 위한 교육학이 가능하다는 생각에 완전히 사로잡혔다.

우리는 여기서 형이상학이 기존 종교와의 의식적 대립 속에서 수업 설정을 위한 핵심 내용과 윤리적 목적을 제공하게 되는 독특한 광경을 보게 된다. 플라톤과 그의 아카데미학파, 아리스토텔레스와 소요학파, 제논(Zenon ho Elea), 크리시포스(Chrysippos)와 스토아학파는 상호 협력하거나 대립하면서 이와 유사한 일을 수행했다.

7. 소크라테스 : 교육학적 탁월성과 교육학적 기본명제

소크라테스는 고대의 어느 누구도 대신할 수 없는 교육학의 천재였다. 이것은 동시대인들의 직접적 인상으로 입증될 뿐만 아니라 후대의 영향을 통해서도 확인할 수 있다. 그와 더불어 교육의 역사에 전혀 새로운 요소가 나오게 되었다. 즉 젊은이의 가장 깊숙한 내면을 들여다볼 수 있게 된 것이다. 그러한 심화 속에는 교육적 사랑인 플라톤적 에로스, 청년들의 정신에 놓여 있는 개념을 대화로써 풀어내고자 하는 의도와, 지식이나 그들 안에 있는 진리를 행위를 위한 주도적 힘으로 삼고자 하는 노력이 불가분 연결되어 있다. 그가 부린 마력은 얼마나 큰가? 크세노폰(Xenophon)은 소크라테스가 자신을 사랑했던 사람이면 어느 누구와도 교제를 했다고 말하고 있다. 그를 고소한 사람들은 그가 아테네의 젊은이들을 타락시켰다고 주장했다. 대화편 《향연(Symposion)》은 심지어 그가 알키비아데스를 구타하는 장면을 보여주고 있다. 소크라테스 자신은 바로 가장 고귀한 본성이야말로 도야를 특히 필요로 한다는 입장에서 출발했다. 이런 입장에서 소크라테스는 자신의 학교에 다니는 학생을 구타하면서까지 피교육자의 영혼을 보살피고자 했다. 플라톤은 이 점에서 소크라테스가 가장 존경할 만한 청년의 모습을 지녔다고 보고 있다.

소크라테스의 특별한 교육학적 천재성은 그가 남긴 핵심 명제가 교육학적이라는 사실과 일치하고 있다. 덕(德)은 지식이며, 그러므로 가르칠 수 있다. 부정적으로 볼 때 이 명제는 고대의 파이데이아, 신화적 믿음, 시적 직관이 정치적 삶의 과제를 준비하기에는 역부족이라는 급진적 사고를 담고 있다. 긍정적으로 볼 때 이 명제는 다음 사실과 연관이 있다. 지식은 확증될 수 있고, 우주 질서는 이성적 존재인 창조자를 지니고 있다. 이러한 이성에서 우리의 행위를 통제하게 하는 '무언의 법칙'이 나온다. 자기 평가 및 타인에 대한 평가는 이처럼 윤리적 개념으로, 우리 내부에 놓여 있는 것을 귀납법을 통하여 발전시킬 수 있고, 그렇게 드러나는 윤리적 행위의 경향을 우리에게 유용한 것, 결국 영혼의 완전성 관점에서 확정지을 수 있다. 학문은 마침내 최종적인 윤리적 목적에 대한 인식으로부터 개별적 영역의 행위를 위한 규칙을 얻을 수 있다. 정치와 군사의 영역에서 오직 이러한 규칙의 지식을 소유한 자만이 정치가나 지도자가 될 수 있다. 그러므로 정치적 봉사를 목적으로 하는 교육이 존재한다. 저급한 분배 민주주의에 반해 이 명제는 건전한 국가 헌법의 기초를 이룬다.

이러한 사고를 이제까지의 주도적인 교육방법, 즉 민족 · 문학 · 국가에 이미 구현되어 있었던 위대한 도덕적 · 정치적 이념으로 개개인들을 채우려고만 했던 방법과 비교한다면, 더 이상의 급진적 사고를 전개할 수 없다. 더 이상 선, 법칙, 개인의 과제와 같은 내용이 개인을 위한 전체의 전통으로부터 교육을 규정해서는 안 된다. 그의 고유한 윤리적 의식으로부터 자신의 법칙이 무엇인지를 발전시켜야 한다. 이와는 달리 이러한 사고를 소피스트들이 교육을 점차 지배했던 지적 운동과의 연관 속에서 살펴볼 때, 소크라테스는 유일하게 그리스 국가들의 쇠퇴를 일정 기간 동안 막을 수 있었던 정신적 흐름의 대표자로 부각된다.

소크라테스는 최상의 윤리적 · 도덕적 개념을 학문적으로 정립하고, 이러한 학문적 의식을 젊은이와 성인들 안에서 교육학적으로 전개시킴으로써 아테네의 도덕적 · 정치적 상황을 개혁하려는 생각을 지니고 있었다. 이때가 바로 교육과 학문적 연구의 최상의 과제가 접목되는 순간이었다. 소크라테스는 이러한 과제를 그의 위대한 제자 플라톤만큼 해결할 수는 없었다. 하지만 그들은 학파를 세웠고, 그리스 국가의 유산을 넘어 전 세계적으로 모든 민족의 정신적 삶에 영향을 끼친 학문적 진보를 이루었다.

8. 플라톤 : 국가론의 핵심 부분으로서 교육학설의 정립

소크라테스의 제자인 플라톤은 위대한 조직 능력을 발휘했다. 그는 서로 결합되어 있는 우주에 관한 학문 조직을 최초로 통찰했다. 이와 동시에 그는 자신의 아카데미에서 연구와 수업을 담대한 연관 속에서 조직했고, 그렇게 함으로써 아테네에서 과학적 수업체계를 세웠다. 그는 자신의 저서 《국가》에서 교육 조직을 바탕으로 자신의 고유한 학교법을 넘어선 지속적 국가의 설립을 계획했다.

그의 교육학의 전제에 관해서는 나의 저서 《정신과학입문》을 참조하길 바란다. 플라톤은 개인주의의 지나친 팽창으로 인한 폐해를 분명하게 인식하고 있었다. 경직된 교육체제는 이러한 경향을 더욱 강화했다. 소피스트와 수사학교는 지적 우위를 통한 단순한 세력 팽창에 주안점을 두었다. 아테네 국가는 정당 간의 투쟁에 휘말리게 되었고, 그리스 어느 곳에서도 현존하는 국가를 구원할 힘은 찾아보기 힘들었다. 소크라테스 이후 세대는 모든 도덕적 · 정치적 물음에서 훨씬 더 격동적이었다. 펠레폰네소스 전쟁은 개별 국가의 정치 및 군사력이 얼마나 중요한지를 절실하게 보여주었다. 아테네의 사교육 체제는 분명히 결함이 많았다. 이러한 상황에서 교육적 문제에 대한 국민들의 불만은 매우 커서 극단적인 관점들이 통용될 정도였다. 소크라테스 이후 세대에서 우리는 모든 사회적 문제와 실천적 문제는 물론 그것과 연관된 교육의 문제에서도 새롭게 형성되는 움직임을 감지하게 된다. 이소크라테스는 보수적이며 역사적인 입장의 대표자로서 특유한 입장을 견지하고 있다. 그의 학교에는 많은 학생들이 찾아왔고, 그는 그들에게 수사적이고 문학적인 활동에 필요한 능력을 준비해 주었다. 그는 과거와 과거의 위대한 문필가 및 시인의 연구로부터 몰락한 세대에 미친 영향을 알고자 했다. 세대가 항상 새롭게 바뀜에도 불구하고 교조주의적 사고에서 비롯된 모든 희망으로부터 어쩌면 가장 어리석은 짓을 했을지도 모른다. 가장 급진적인 입장은, 솔직히 후대의 루소보다 더한 입장을 취한 안티스테네스(Antisthenes)와 그가 설립한 견유학파다. 우리는 변증법적 논증을 통해서가 아니라 소크라테스적 강점을 통해 악(惡)을 피한다. 이러한 강점은 읽기와 쓰기는 물론 타락한 학문에 기대지 않을 때 가장 잘 개발될 수 있다. 이오니아 국가들에서 지적 개발의 부정적 작용은 분명 급진적 성격을 지닌 것이어서, 소크라테스와 같은 모범적인 인물을 어리석은 사람으로 둔갑시키는 결과를 초래하기도 했다.

그러한 정황 속에서 플라톤은 자신의 정치적 기본 사고와 함께 이러한 정황에 대한 숙고를 통하여 이해될 수 있는 하나의 교육학적 관점을 종합했다. 그는 명확한 지식에 대한 소크라테스의 개념을 발전시켰던 철학을 소유하고 있었다. 그럼으로써 그가 이미 보았던 과제를 해결하는 데 있어서도 보다 넓은 시야를 견지할 수 있었다. 영원한 형식의 영역이 존재하는바, 우리는 이를 이데아(Idea)라고 부른다. 우리는 이러한 이데아를 향한 선의 가장 깊은 근원으로부터 우주를 형성했다. 이에 상응하여 정치가는 정치적 우주 혹은 국가를 형성한다. 그는 위대한 인간이며, 이 국가에서 덕이 드러난다. 플라톤은 자신의 주저인 《국가》라는 저술에서 위대하고도 완전한 국가의 인간에 대해 설명하고 있다. 국가가 수호자와 통치자 등 지배계급의 재산 및 여성 공동체 내에서의 엄격한 통일성을 기하게 됨으로써 정파는 종지부를 찍게 되었다.

이러한 배경에서 그는 당시 교육의 체계를 발전시켰다. 그는 기존의 사적 교육체계를 비판하고, 크레타와 스피르타의 도리아시 학교제도를 접목했다. 이것은 자유방임과 공적 관심을 둘러싼 정당 간의 투쟁에 반대하는 그의 입장에서 나온 필연적인 결과였다. 플라톤의 국가론의 과감한 점은 그가 모든 사적 관심을 공적 관심에 종속시켰다는 것이다. 그는 영웅적인 조치를 원했다. 개인의 존재는 완전히 사라지게 되었다.

누군가 소위 자유체제의 기본적인 논리를 가지고 플라톤을 반박할지도 모른다. 하지만 그러한 주장이 당시 어떠한 결과를 가져왔는가? 그것이 또다시 새로운 유럽에 어떤 결과를 초래했는가? 해마다 플라톤의 국가교육학을 무시하는 것이 정치적으로 세련된 것이라고 여기는 이러한 주장의 진리는 점점 더 의심을 받고 있다.

플라톤이 등장했던 상황은 이전 세기의 초기에 개인주의의 무제한적 전개로 인해 우리의 고유한 국가가 절체절명의 위기에 처했던 상황과 흡사하다. 그리하여 당시 플라톤과 같이 예리한 이상주의를 지녔던 지성인인 피히테(Fichte)는 그와 상당히 유사하게 국가교육의 계획을 구상했다. 피히테의 〈독일 국민에게 고함〉이란 연설에 이어 1809년 프로이센 교육제도의 개혁이 뒤따르게 되었다. 플라톤의 국가에 대한 위대한 저작은 자신의 국가에 대해서는 어떠한 영향력도 더 이상 행사하지 못했다.

플라톤의 교육학은 한편으로는 교육의 목적을 확립하고, 정치에서의 위치를 규정하는 정치학과의 긴밀한 연관 속에서 발전된 것이며, 다른 한편으로는 교육의 대상을 연구하는 심리학과의 연관 속에서 발전된 것이다.

플라톤은 교육을 다음과 같이 정의하고 있다. 교육은 법에 의해 규정되어 있고, 경험이 풍부한 탁월한 사람들에 의해 칭송되는 삶의 방식으로 청소년을 지도하고 인도하는 것이다. 그러한 삶의 방식은 청소년의 사고 능력을 배양해 준다. 바로 이러한 이유로 인해 개인의 발달이 국가의 목적에 종속되어야 한다. 개인은 국가의 법률에 적합한 사고의 범위 내에서 행동할 수 있도록 교육받아야 한다. 하지만 국가는 신분적으로 구성되어 있으므로, 교육 또한 신분의 과제에 따라 다르다. 교육은 각 개인이 자신의 신분에 적합한 능력을 최대한 발휘할 수 있는 교육적 진로를 이끌어야 하는 과제를 해결해야 한다.

이것으로 인해 플라톤의 정치체제에 대한 교육의 위치, 다시 말해서 교육의 목적이 분명해진다. 정치제도에서 수업체계의 위치는 정치학과 교육학 관계의 또 다른 정점을 이룬다.

첫 번째 관계에서 플라톤은 보수적인 입장을 취했다. 더 이전의 국가관은 그에게 교육의 목적으로 작용했다. 하지만 두 번째 관계에서 플라톤은 이오니아 국가의 입장을 떠나 도리아식 국가의 교육체제의 입장과 연결하고 있다. 도리아적 정신에서 볼 때 국가 자체는 교육의 수단에 관한 커다란 제도로 인식되었다. 그와 같은 국가관은 자신의 힘을 극대화시켜 배후에 있는 국가, 시민들, 식민지를 지배하려는 작은 국가들의 욕구에서 생겨난 것이다. 이러한 과제가 도리아식 제도의 경직된 정신과 동시에 플라톤의 국가적 이상을 가져오게 되었다. 플라톤이 라코니아[19]적이 된 것이 아니라, 그와 같은 과제가 스파르타 국가와 플라톤의 이상국가에서 유사한 결과를 초래한 것이다. 그러므로 그리스의 애국주의적인 국가이념은 피타고라스 이후부터 인간의 척도를 넘어서 위험한 요소로 대두되었다. 그리하여 플라톤은 도리아인들의 남성적인 교육을 넘어 국가기관에서 두 지배적인 신분의 구성원들을 오직 특정한 국가의 과제를 위해서 교육시키려는 생각을 하게 되었다. 국가기관에서 급여를 받는 교사는 젊은이의 발달을 이끌고, 두 상층 신분이 가족과 전적으로 격리되어 공적인 삶에 참여하는 일이 성장세대의 사고를 결정한다.

심리학은 바람직한 인간성을 개발하므로 교육이론의 또 다른 기초를 이룬다. 플라톤은 처음으로 영혼의 본질적 능력을 구분하려고 했다. 그는 영혼을 셋으로 구분했는데, 오늘날의 용어로 말하자면, 정신적 실재의 세 가지

---

19) 라코니아 : 스파르타.

계층을 구분한 것이다. 그는 인간 사회의 신분 단계와 지구 상의 민족 집단에 대한 가장 주목할 만한 관계 속에서 이와 같이 구분했다. 그 구분은 인간 영혼의 한 부분이 다른 부분들과 부단한 경쟁 관계에 있다고 본 것에 근거를 두고 있다. 그는 이러한 유형의 사실 분석에서 이러한 분리가 나온다고 믿고 있다. 그는 어느 한 집단의 힘이 영혼의 부분으로서 인간 영혼의 다른 힘과 경쟁 관계에 있다고 보았다.

이러한 집단의 첫 번째는 욕망적인 영혼이다. 그에 상응하여 욕망이 지배하는 신분으로서 생산 계층의 신분이 존재한다. 이들은 여러 민족들 가운데 여성스럽고, 생업에 열심히 종사하면서 쾌락을 탐닉하는 페니키아 사람들이나 이집트 사람들이 대부분이다. 이러한 영혼과 대조가 되면서 특별히 구분되는 것으로서 고귀한 용기를 들 수 있다. 무사 계급은 생업과 향락을 거부할 줄 알며, 생명 그 자체를 중시한다. 이 신분은 모든 민족에서 발전해 온 사회 계급의 하나로 군인에 해당된다. 여러 민족들 가운데 주로 북방의 야만인들이 여기에 속한다. 앞의 두 요소와 구별되어 있으면서, 이들과 경쟁을 하거나 이들을 이용하는 영혼의 한 부분으로서 이성이 존재한다. 사고하며 행동하는 이성은 이성 그 자체라고 할 수 있다. 이성은 지배자 신분에서 나타나며, 지배자는 학업 단계나 국가의 통치 단계에서 이성의 힘을 빌려야 한다. 이성을 소유한 민족은 중심적 역할을 차지하는 그리스인들이다. 이러한 구분에 따라 플라톤은 북방 민족과 그리스 민족의 역사적 발달에서 다양한 단계의 결과로 나타났던 것을 천성으로 취급했다. 이러한 세 영역의 구분은 최초의 역사철학적 시도로 간주될 수 있으며, 오늘날 관점에서 보자면, 민족심리학으로 볼 수 있다.

위의 구분을 이제까지 전개해 온 교육의 정치적 과제에 적용해 보자! 그 과제란 개인들에게 그 안에서 이성의 발휘와 용기의 보존이 이루어진 영혼의 힘의 조화를 실현하는 것이며, 그와 동시에 국가에서는 각 신분들 사이에 그와 같은 조화를 이룩하는 것이다.

이러한 교육이론은 정치학에 적용된다. 국가에 관해 가장 예술적으로 표현한 플라톤의 대화편은 처음에는 분업에 의한 사회의 출현을 가능하게 했다. 그러한 가운데 정치적 구성체가 외적 방어를 필요로 한다는 요구가 출현하게 된 것이다. 무사 신분이 생기면서 그에 상응하는 교육의 필요성이 제기된다. 대화편의 뒷부분에서는 학문적으로 육성된 공무원의 기능과 교육이 개발됨으로써 이러한 구상이 계속 이어진다. 신랄한 역설과 함께 그는 이들을 철학자로 칭하고, 철학자가 왕이 되어야 한다는 요청을 하고 있다.

무사 집단의 교육은 아테네의 음악 및 체육 교육과는 전적으로 다르게 생각된 것이다. 외적인 분류에서 플라톤은 이러한 교육과 연결짓고 있다. 무사교육은 한편으로는 육체를 위한 교육으로서 체육적이며, 다른 한편으로는 영혼을 위한 교육으로서 음악적이다.

시인의 우화가 국가의 보존 차원에서 바로 서지 않으면 안 된다. 왜냐하면 이 우화에서 시인은 마치 크로노스(Cronos)와 우라노스(Ouranos)의 이야기에서와 같이 비도덕적이기 때문이다. 거대한 전쟁과 신들의 전쟁은 ― 그 안에 어떤 다른 뜻이 들어 있는지는 모르지만 ― 도시와 국가의 연대, 어른들에 대한 아이들의 복종을 강요하는 도덕과는 모순적 관계에 있다. 하나는 고통의 산실로, 다른 하나는 구원의 은총으로 되어 있는 전자의 두 요소는 신성을 모든 사악함의 근원으로 삼고 있다. 우화의 다른 측면은 죽음에 대한 두려움을 강화시키고 있으며, 그럼으로써 남성들을 비겁하게 만들고 있다. 지하세계에서의 영혼의 상태에 대한 호메로스의 상이 이와 비슷하다. 영웅들의 비탄과 신들의 신음도 마찬가지다. 이러한 입장은 근본 덕목에 상응하지 않은 것은 종교에서 추방되어야 한다고 보는 생각에 영향을 받은 것이다. 즉 종교가 민족정신과 조화를 이루지 못한다면 청소년 교육에서 제거되어야 한다는 것이다.

나아가 연극적 상상력은 비판되지 않으면 안 된다.

> "만약 다방면에서 예술적 능력을 보여주고 모든 사물을 모방할 수 있는 자가 있어, 그 자가 도시로 와서 자신의 시를 표현하려 한다면, 우리는 그를 탁월하고 놀라우며 용기를 주는 사람으로 칭송할지도 모른다. 하지만 그러한 사람이 우리가 살고 있는 도시에 있어서도 안 되고, 들어오도록 허용해서도 안 된다고 말할 것이다. 다양한 향유를 바르고 양모로 관을 두른 그 사람을 다른 도시로 쫓아내야 할 것이다."(398A)

마찬가지로 음악은 지배층의 교육에 국한되어야 한다. 밋밋한 이오니아와 리디아 풍의 음색은 제외되며, 오직 프리지아와 도리아 풍의 음색만이 국가의 용인을 받을 수 있다. 왜냐하면 이들 중 하나는 용기를 불러일으키지만 다른 하나는 사려 깊은 관찰로 인도하기 때문이다. 모든 음악적 도구들 가운데 칠현금과 기타만이 용인될 수 있다.

그리고 그는 당대 체육의 변질에 맞서 싸웠다. 체육의 참된 근본은 강인한 신체에 강건한 영혼을 가져다주는 섭생에서 찾을 수 있다. 그리고 이러한 윤리적 목표가 어디서나 단순한 체육교육에 선행되어야 한다. 이는 올림픽 경기를 치르는 민족에게 제기될 수 있는 하나의 논쟁거리다. 체육의 최상의 과제는 육체의 단련을 통한 열정의 지배와 용기 있는 숙고에 깃들어 있는 것이지, 단순한 신체의 교육에서 찾을 수 있는 것이 아니다. 그에 상응하여 플라톤은 치료법의 연습도 제한되어야 한다고 보았다. 플라톤은 당시 유행하는 의학을 '병을 키우는 사료'로 보고, 국가에서 일하는 사람에게는 아플 시간이 허용되어서는 안 된다고 보았다. 만일 사혈 · 구토 · 발한 · 발열 · 설사 등의 병세가 나타났을 때 의사가 신속하게 병을 치료하지 못한다면, 환자로 하여금 의사를 포기하고, 자신의 질병을 스스로 치료하도록 해야 한다. 도리아의 음악과 저급한 치료술은 서로 유사하다. 플라톤은 매우 건강했을 것이다.

이와 같이 플라톤은 단지 옛 정신의 소실에 대해서뿐만 아니라 음악과 체육 교육 전체를 비판했다. 오히려 그는 교육에 대하여 일신론적 신념의 핵심을 부여하고자 했다. 소크라테스와 플라톤 학파가 국가의 성격, 선, 신성에 대하여 아주 새로운 견해를 전개했을 때, 그 학파는 그리스의 기초 교육제도와 풀기 어려운 모순 관계에 빠져들지 않을 수 없었다. 신화기의 위대한 시인들이 제외되었다. 왜냐하면 그들은 국가의 법률 대신에 향락과 고통이 널리 퍼지도록 영향을 미쳤기 때문이다. 새로운 시작이 필요한 것이다. 오직 스스로 국가에서 무엇인가 공적을 남긴 자만이 거룩한 시를 지을 수 있을 것이다. 국가는 이러한 창작을 감독해야 한다.

플라톤은 저급한 수업이 이제까지의 음악교육과 적대적 관계에 있는 것처럼, 고등수업 또한 이제까지의 수사학적 교육과 적대 관계에 있다고 보았다.

최상의 교육 혹은 철학은 영혼을 안내해 준다. 이 교육은 우주의 미와 선의 모방에서 시작되고 점차 수학적 단계를 거쳐 마지막으로 순수한 이데아에 이른다. 이러한 순서는 영혼 속에 잠들어 있는 이데아를 모든 장막이 사라질 때까지 점점 더 분명하게 통찰하도록 만든다. 여기서 단계가 생기는데, 대상으로부터 수학적 자연과학의 모든 이론에 이르는 단계가 생기고—이러한 학문은 기하, 대수, 천문학으로 구성된다—그리고 이 단계에서부터 그것의 전제가 되는 인식에 이르는 단계, 가령 철학으로 구성되는 단계가 생긴다. 전자의 학문에서는 통용성의 별다른 검증

없이 전제가 도입되었으나, 후자의 학문부터는 그러한 설명을 포함하고 있는 인식의 근원으로 되돌아가야 한다. 고등교육의 완성은 물론 변증법과 철학에 들어 있다. 아동들은 이러한 학문에 접근할 수 없다. 이러한 학문은 세계에 대한 학문적 견해를 담고 있으며, 그 견해는 이상적인 정치적 사고와 일치한다. 이렇게 내적 관계에 따른 학문의 조직이 생기며, 그것은 교육학적 단계와 일치한다.

9. 교육학 입장들 간의 논쟁 : 특히 이소크라테스 학파와 플라톤학파

플라톤학파의 순수 학문적 입장에 대해 당시 아테네에서는 매우 적극적으로 반대하는 입장이 있었다. 이미 히피아스의 학문적 확산은 프로타고라스에 의하여 공무적 거만함의 당당한 의식이라는 점에서 조소되고 있었다. 이러한 대립에 관한 통찰로부터 《정치학》 제8권 2장에 나타난 아리스토텔레스의 교육이론이 나올 수 있었다. 우리는 여기서 교육학 영역의 역동적인 움직임을 볼 수 있다.

> "우리 시대의 사람들은 가르칠 대상에 대하여 논쟁하고 있다. 하지만 젊은이에게 무엇을 가르쳐야 하는지에 관해서는 의견이 분분하다."

논쟁은 더욱 확장되어 수업에서 오성(悟性) 혹은 도덕적 성격에 영향을 주어야 하는지까지 나아가게 된다. 마침내 수업의 목적에 관하여 세 개의 견해가 대립하게 된다. 한 입장은 삶에서 즉시 유용하게 활용할 수 있는 것만을 수업 계획에서 받아들이고자 한다. 다른 입장은 실제적 · 정치적 유용성으로 교육하고자 한다. 세 번째 입장-이 입장이 플라톤학파의 입장이다-은 고등연구와 학문 그 자체를 추구하고자 한다. 당시와 비슷하게 오늘날에도 교육학적 입장이 서로 대립하고 있다.

이렇게 반대되는 입장들 가운데 가장 중요한 것은 순수 학문적 목적을 위한 고등학문의 연마와 수사학파 사이의 대립이다. 이러한 논쟁은 원리의 측면에서는 이미 소크라테스와 소피스트 사이에 존재했다. 그러한 논쟁이 이제 이소크라테스의 수사학파와 플라톤학파 사이에서 재현되었다. 당시 수사학파에 대한 선호로 인해 그리스는 정신적 발달 면에서 적지 않은 타격을 입게 되었다.

수사학의 우세는 그리스 정신을 나쁘게 물들였을 뿐 아니라 나중에는 지대한 영향을 끼쳤다. 그 원인은 당시 그리스 폴리스와 로마제국에서의 수사(Beredsamkeit)의 의미와 침묵의 기술적 규칙의 의미, 그리고 이제야 등장하는 산문 형식의 발달에서 찾을 수 있다. 최초의 영향력 있는 연설가는 페리클레스였다. 플루타르코스에 따르면, 그는 수사학이 심리학이라는 것을 보여주었다. 수사적 기술은 이제 정치와 외교의 수단이 되었다. 가장 유명한 수사학적 연설가는 이소크라테스였다. 그는 기원전 436년 아테네에서 태어났다. 플라톤의 《파이드로스(Phaidros)》에 나타난 바와 같이, 그는 청년기에 이러한 문제를 철학적으로 다루어보겠다는 담대한 희망을 품었다. 하지만 그는 이것에 실망했다. 그는 플라톤학파의 학문적 교육에 맞서는 한편 애국심과 역사의식으로 우아하게 단장한 수사학교를 내세웠다.

이소크라테스의 수사학교는 그 지향점에서 이러한 계통의 학교의 지속적인 발달에서 가장 중요한 본보기가 되었다. 기원전 380년경 그는 아테네에서 자신의 학교를 설립했다. 외지에서 온 매우 많은 학생들이 이 학교를 다녔다. 교육 기간은 3년에서 4년까지 지속되었다. 유감스럽게도 우리는 이 학교에 대한 불완전한 상상을 할 수 있을 뿐이다. 학교에서는 대부분 나중에 아리스토텔레스의 이름으로 우리에게 전달된 '알렉산드로스 수사학'이 제공되었다. 그 수사학은 아낙시메네스(Anaximenes)에 의해서 저술되었으나, 주요 내용은 이소크라테스가 지은 것이다. 이것은 실제 활용을 위한 간략한 도식을 담고 있다. 분류에 따르면 첫 장은 수사의 과제를 다루고 있고, 그러한 과제를 위해 적합한 재료를 어떻게 수집해야 하는지를 보여주고 있다. 두 번째 장은 말할 때 등장하는 개별적인 형식적 요소들의 생성을 위한 규칙을 다루고 있다. 그러한 형식적 요소들은 가령 축약된 삼단논법, 예증, 문장, 청중의 반박에 대한 선취, 역설 등이다. 마지막 장은 모든 수사가 짜여지는 개별 장의 구성에 대한 규칙을 제공하고 있다. 그것은 발단에서 시작하여, 사실로 전개되며 강조로 이어진다. 이 마지막 장은 전적으로 이소크라테스가 만든 것이다.

이러한 모든 규칙을 본보기에 따라 구체화하며, 개별 사례를 통해 숙련하는 어떤 과정을 우리는 쉽게 생각해 볼 수 있다. 특히 여기서는 단지 잠깐 언급되었지만 언어와 양식에 관한 규칙은 이러한 기법의 탁월한 부분을 이룬 것으로 보이며, 아마도 가장 아래의 준비 단계에서 당시 적지 않은 연습을 했던 것으로 보인다. 물론 이것이 나중에 생겨났으며, 우리는 이에 관한 우리 자신의 청년기를 아주 생생하게 기억할 수 있다. 가령 우리는 '파트로클로스(Patroklos)의 죽음에 대한 아킬레우스(Achilleus)의 생각', '처음으로 배를 본 농부의 생각'과 같은 주제들을 발견할 수 있다. 그러한 초기 연습들은 문법학자 코스의 종결을 의미함과 동시에 수사학자의 시작을 의미하기도 한다. 이러한 기술의 규칙에 대한 관찰과 국가학 및 법률학 분야에서의 자료 수집이 아무리 유용했다 하더라도, 이러한 일련의 방식들은 학문적 원칙들과는 전혀 거리가 먼 것이었다. 수사학이 논리학에 바탕을 두지 않고, 학문적 심리학 및 정치학과 연관을 맺지 않은 채 이것을 실현하는 것은 불가능한 일이었다. 여기서 도출될 수 있는 결론은 외적 작용에 봉사하는 수사학의 부분들이 전면에 등장하게 되었고, 눌변을 보완하고자 했던 소피스트의 옛 기술만이 단아한 옷을 입고 다시 등장했다는 것이다.

이소크라테스는 중복문의 처리와 산문의 형식적 요소를 교육하는 부문에서 멀리 키케로의 산문에까지 영향을 미쳤다. 그는 페트라르카와 보카치오를 넘어 유럽의 예술적 산문을 규정했다. 이처럼 수사학과 수사학교의 학교 운영은 역사적으로 대단한 영향력을 행사했다.

이소크라테스와 그의 학파는 이제 플라톤학파의 교육학을 공격하게 되었다. 파나테나이코스(Panathenaikos)에서 이소크라테스는 자신의 위대한 상대자의 이름을 언급하지 않은 채 플라톤의 교육과정을 교묘하고 신랄하게 비난하고 있다.

> "나는 우리 시대에 등장한 파이데이아, 즉 기하, 천문학, 형벌 문제에 관한 토론 등을 믿지 않는다. 젊은이들은 이러한 과목들을 좋아할지 모른다. 하지만 나이 든 사람들 가운데 어느 누구도 이러한 교육을 견디지 못할 것이다."

그는 '과거에 이러한 교육에 몰두했던' 청년들에게 경고하면서, 부지런히 수사학을 배워나가야 한다고 말한다. 그들은 적어도 이 시기 동안 더 이상 나쁜 짓은 하지 않을 것이다.

> "나는 성인들에게는 이와 같은 훈련이 적절치 않다고 본다. 내 관찰에 의하면, 이러한 학문에 고착된 나머지 이 내용 안에서 다른 사람에게 가르침을 주려는 몇몇 사람들은 자신의 지식을 합목적적으로 사용하지도 못하고, 실제적 삶에서도 학생들, 심지어는 노예들보다도 이해력이 떨어진다."

이 같은 비난이 기술적으로 확실하지는 않지만, 이러한 학문을 가르쳤던 사람들 가운데 가장 유명한 인물이 바로 플라톤이었다. 그는 이러한 학문들을 학교의 조직 안으로 끌어들여 아테네의 이소크라테스 옆에서 가르쳤다. 그는 수사학이 진지한 논쟁을 위한 정신적인 힘을 충분히 지니지 못했다고 신랄하게 비판했다.

이러한 논쟁은 이소크라테스학파 내에서 지속되었다. 아리스토텔레스에게 기회가 왔을 때 그는 수사학파를 열정적으로 비판했다. 아리스토텔레스는 플라톤학파에 속해 있으면서 이소크라테스학파를 수사학의 다른 학파와 대립시켰다. 플라톤은 수사학을 거부하는 입장을 보였다. 아리스토텔레스는 그러한 의사를 인정했다. 그는 논리학의 새로운 보조 수단을 매개로 진실로 학문적인 수사학의 문제를 해결해 보고자 했다. 그의 수사학의 시작은 이러한 입장을 보여준다. 천성과 연습에 근거를 두고 있는 말솜씨는 하나의 사실이다. 중요한 것은 그것의 원인을 학문적으로 인식하는 일이다. 수사학의 저술과 체계를 세웠던 사람들은 그 과제를 단지 부분적으로 다루고자 했다. 그는 우선적으로 플라톤 생전에 그의 학파 내에서 수사학 코스를 담당했다. 아리스토텔레스는 플라톤이 사망하던 기원전 347년까지 아테네의 아카데미에 거주했다. 그 후 그는 그곳을 떠났고, 기원전 335년 초엽 다시 그곳으로 돌아와 리케이온에 자신의 학원을 설립했다.

당시 아테네에는 수사학교의 단순한 수사학적 수업과 철학학교에서 실시된 수사학 과정이 병립했다. 그중 하나는 단지 수사학의 규칙과 활용을 전수했고, 다른 하나는 플라톤과 아리스토텔레스학파의 논리 연구에 바탕을 두고 이 학파의 정치학을 활용했다. 학교에서의 대중적인 수사학 수업은 철저히 배제되었다. 겔리우스(Gellius)의 설명에 따르면, 아리스토텔레스는 두 가지 유형의 수업, 즉 발표와 토론 없이 그저 듣기만 하는 수업과 대중적인 수업을 구분했다. 전자는 수사학과 관련이 있었으며, 저녁 시간에 강의가 이루어졌다. 후자에서는 수사학, 변증법, 국가조직에 관한 학문이 모두 대상이 되었다. 이러한 모든 대상들이 우리가 받고 있는 수사학의 형태로 다루어졌다. 우리가 완전하게 보존하고 있는 아리스토텔레스의 저술은 그러한 유형의 코스에 속한 것으로 보인다. 변증론(Topika)과 수사학이 바로 그것이다.

10. 철학학교 혹은 교사와 학생 간의 수업 관계가 학문 조직과 결부되어 있는 기관의 설립

플라톤은 최초로 아카데미 조직을 창설했다. 피타고라스학파의 조직은 이러한 설립의 준비 단계였다. 아카데미는 국가 주도적 수업 질서를 지닌 도리아식 사고와 학문 연구의 이오니아적 힘이 융합된 작품이다. 아카데미는 수학과 음악을 중시했다. 하지만 우리의 인식이 불충분하여 그에 대한 명확한 상을 그리기란 쉽지 않다. 플라톤은 평화협정이 체결되던 기원전 387년경 40세의 나이에 여행을 마치고 고향으로 돌아왔다. 그는 학문적 교육이 이루어지는 다양한 장소를 알게 되었다. 사라큐스에서의 그의 정치적 계획은 성공하지 못했다. 그는 윤리적 이상의 실현을 위하여 파이데이아, 즉 넓은 의미에서의 교육을 탐구하고자 했다. 유명한 《파이드로스》의 한 구절에서 그는 모든 교육의 핵심을 구술적 수업으로 보았고, 글쓰기 작업은 오직 구술적 수업과의 관련에서만 의미를 지닌다고 보았다. 이러한 사고방식은 상당 부분 진리를 담고 있다. 우선 그는 아테네의 김나지움 중에서 한곳을 선택했다. 당시 아테네는 세 개의 김나지움을 가지고 있었다. 아카데미, 키노사르게스(Kynosarges), 리케이온이 바로 그것이다. 그는 아테네 북서부에 위치한 아카데미를 선택했다. 그곳은 공원과 수도관, 빼어난 플라타너스의 그늘이 있어 청년들의 집합소가 될 수 있다고 보았다. 아카데미의 입구에는 에로스의 그림과 제단이 있고, 이것을 플라톤은 철학적 열정의 상징으로 삼았다. 그에 따라 울타리가 있는 집회 공간을 소유하고자 하는 욕구가 생겼다. 플라톤은 아카데미 근처, 소포클레스(Sophocles)의 탁월한 노래가 영원히 전해지고 있는 비옥한 땅에 있는 정원을 하나 샀다. 그 자신이 그곳에 살았고, 그 정원을 그 학교의 양도할 수 없는 소유물로 지정했다. 시간이 흐르면서 이 땅에 수많은 기증과 유산이 뒤를 이었다.

동시에 아카데미는 조합으로서 확고한 조직을 지니고 있었다. 그것은 종교적 길드였다. 고대의 공동사회는 종교적 조합의 형태를 지니고 있었다. 조합 전체는 항상 조합장을 선출했고, 학생들의 등록금과 공무원으로 구성된 자체 행정기구를 가지고 있었다. 플라톤의 학교는 재산과 조직을 통한 외적 기반을 바탕으로 유스티아누스 황제의 통치기까지 약 천 년간 지속되었다.

아카데미의 본을 따서 아리스토텔레스는 자신의 학교

를 조직했다. 다른 김나지움의 하나인 리케이온은 시 외곽 리케이아 지역의 아폴로 신전 근처에 위치하고 있었다. 수많은 어려움이 있었지만 위대한 아리스토텔레스는 여기서 8년 동안 활동했다. 그의 학교 시설은 놀랄 만한 성과를 보여주고 있다. 정치적 권리가 없는 피보호 이방인(Metöke)으로서 그는 토지를 구매할 수 없었다. 정원을 학교의 소유물로 구매하게 된 것은 그의 후계자였던 테오프라스토스(Theophrastos)에 의해서다. 그곳은 산책할 수 있는 공간과 교실과 기숙사로 사용된 건축물로 둘러싸여 있었다. 이 정원은 유언에 따라 나이 많은 학생들의 사교 집단의 소유가 되었다. 이들은 공동 연구를 위해 함께 모인 친구들과 동지들이었다. 이리하여 그들은 '함께 철학하는 사람', 즉 공동 연구자로 불리게 되었다.

리케이온의 라틴어식 명칭인 리체움(Lyzeum)이라는 이름은 이 김나지움에서 따온 것이며, 아리스토텔레스의 학교가 그곳에 위치한 것에서 기인한다. 그 이름은 독일의 특정 김나지움을 지칭하는 데 사용되었고, 프랑스에서도 나폴레옹의 학교 조직에서 상용되었다.

양대 철학 학파 외에도 스토아학파와 에피쿠로스학파가 있었다. 스토아학파는 견유학파에서 유래한다. 안티스테네스는 키노사르게스 김나지움에서 가르쳤다. 스토아의 학교는 시내 중심의 아고라 광장에 자리를 잡게 되었다. 스토아라는 이름은 바로 여기서 유래한다.

이들 철학학교는 학문을 갓 시작한 청년에서부터 함께 연구하는 학자 집단에 이르기까지, 학문 발달의 전체 과정을 모두 포함하고 있는 동업 집단이었다. 이 조직은 선임학자, 그 학자와 제자 관계를 맺을 수 있는 동료 연구자, 학생들을 포함하고 있었다. 학교 전체는 총장, 연구자들의 긴밀한 조직, 대다수 학생들로 구성되어 있다. 철학학교는 한편으로는 교육 조직이었지만, 다른 한편으로는 공동의 학문적 연구 조직이었다.

철학학교가 커다란 성공을 거둔 비밀은 바로 이와 같은 조직의 본질에 있다. 기원전 4세기에 모든 학문의 기초가 세워지고 형성되었다. 이 시기 학문의 기초가 잘 정립될 수 있었던 것은 오직 철학학교의 조직이 체계적으로 정비되었기 때문에 가능한 일이었다.

플라톤의 아카데미는 수학적 성취와 그것을 천문학에 적용한 데서 구심점을 찾을 수 있다. 그는 여행에서 당대의 수학적 지식을 완전히 섭렵한 후 집으로 돌아왔다. 그 이후 플라톤 주변에 쟁쟁한 수학자들이 몰려들기 시작했다. 그들은 플라톤이 지닌 정신세계의 제왕적 무게감에 절로 고개를 숙였고, 수학적 구조와 이데아가 세계적 관계에서 불변하는 것, 동일한 법칙이라는 관찰 방식에 그들 스스로도 한 걸음 다가선 느낌을 받았다.

아리스토텔레스의 학교는 기술적인 자연과학과 역사 및 사회현상 연구의 중심지였다. 이들 학문의 기초 연구는 서로 유대가 있는 사람들의 공동 작업의 성과였다. 연구의 일부만이 아리스토텔레스의 생전에 완성되었고, 그가 시작했던 위대한 작업들은 사후에 테오프라스토스, 에우데모스(Eudemos)와 동료들에 의해서 이루어졌다. 하지만 아카데미에 널리 퍼져 있었던 교육학적 열정과 플라톤의 심리요법은 아리스토텔레스에 와서는 학문으로서보다는 학자적 태도로서의 위치를 획득하게 되었다.

11. 엔키클리오스 파이데이아(enkyklios paideia), 알렉산드로스 대왕의 박물관, 개별 학문의 시대

그리스 파이데이아는 아리스토텔레스 세대 이후 새로운 국면을 맞이하게 되었다. 이것은 한편으로 학문적 인식의 변화된 상황에 상응하고 다른 한편으로는 국가적 삶의 변화에 상응한 것이다. 그리스 도시국가들의 몰락과 함께 이를 지탱해 주던 국민정신의 해체는 급속히 전개되었다. 신화적 믿음이 몰락하면서 페리클레스, 소크라테스, 크세노폰과 같은 사람들은 철학적 유일론의 사상에 빠져들었다. 교육은 철학적 믿음 속에 종교적 핵심을 가지고 있었고, 시인들이 즐겨 쓰는 단어들의 의미는 이러한 믿음에 근거하여 파악할 수 있었다. 이제 학문은 자신의 이상적인 목적을 잃어버렸다. 지식은 오직 지식 그 자체를 위한 지식, 그 자체가 목적인 개별지식이 지식의 확산에 따른 필연적인 정신적 상태로 나오게 되었다. 플라톤 시대에 철학이 모든 학문의 제왕이었던 것과는 달리, 이제는 각 개인들이 지식의 전체적 영역을 창조적으로 지배할 수 없을 뿐 아니라 누릴 수도 없는 시대가 되었다. 이는 학문의 발달에서 실로 한 획을 긋는 진전이었다. 그것은 이미 아리스토텔레스 체계의 정신 속에서 준비된 것이었다. 하지만 그것은 다른 관점에서 보면 헬레니즘 부족의 정신 도야인 파이데이아의 쇠락을 의미하는 것이었다. 철학은 더 이상 개별 학문의 조직적 힘이 되지 못했다. 철학은 정신적 작업 그 자체에 머물렀고, 주관적인 개인주의 관점의 심연 속으로 빠져들었다. 수업은 그에 따라 기계적인 집합체가 되었다.

최우선적으로 자유인의 도야를 매개해 줄 것으로 믿었던 인접 개별 학문들의 결과를 수용하는 수업 개념이 등장했다. 이것이 백과사전적인 수학과 도야 이상이었다. 아리스토텔레스가 이미 사용했던 엔키클리오스(enkyklios)란 용어는 일상적인 것과 일반적인 것을 동시에 나타낸다. 엔키클리오스 파이데이아(enkyklios paideia)는 도야인이 습득해야 할 지식이다. 이 두 단어가 합쳐져서 엔키클리오파이데이아(enkykliopaideia)가 되었다. 모든 자유인에게 특정한 도야의 요청이 있었기 때문에, 사람들은 자유교육(eleutheros paideia)이라는 표현을 쓰기도 했다. 이러한 생각이 중세로 이어져 7자유학과(artes liberales)라는 표현과 접목되었고, 오늘날 백과사전이란 용어가 되었다. 엔키클리오스 파이데이아(enkyklios paideia)는 7개의 학문을 포함하고 있었다. 문법, 수사학, 철학 혹은 변증법, 대수학, 음악, 기하학, 천문학 등이 그것이다.

퀸틸리아누스와 세네카 모두 그와 유사한 생각을 실제로 활용하고 있다. 다만 당시 수사학교를 지배하고 있었던 것과 같이 그들의 사고는 교육의 최후 목적으로서 수사학에 대한 생각과 결부되어 있다. 마르티아누스 카펠라(Martianus Capella)는 이러한 7단계 혹은 수업 대상의 기초를 다진 인물이다. 이러한 7교과를 익히 알려진 바와 같이 중세의 전 기간에 걸쳐 유럽 대학의 교양과정에서 가르쳤다. 이것은 일반적으로 2개의 분야로 분리되어 가르쳐졌다. 3과는 문법, 수사학, 변증법 등이고 4과는 대수학, 음악, 기학학, 천문학 등이다. 당시 특별한 김나지움이 존재하지 않았으므로 교양학부의 이러한 교과들은 전공수업을 위한 준비 교육과정 이상의 의미를 지니고 있었다. 우리는 여기서 아동 연령에 적합한 교육과정을 발견하게 된다.

엔키클리오스 파이데이아와는 달리 이제 지식의 습득을 더 이상 개인에 의존하지 않는 정규학업으로서 고등교육이 부각되었다. 개별 학문의 중심지는 공공시설을 구비

한 알렉산드리아였다. 알렉산드리아의 시설은 학문적 지식의 전파와 확산을 위한 어마어마한 규모의 기관이었다. 이 시설은 이집트의 프톨레마이오스(Ptolemaeos) 왕조에 의해서 건립되었다. 이 시설 중 최초의 시설은 대규모의 도서관이었다. 저장해야 할 문헌들을 비판적으로 확인하고 정돈하며, 재산 목록을 만드는 과제로 인해 사서들 가운데 현대적 의미의 문헌학자가 탄생하게 되었다. 제노돗(Zenodot), 칼리마코스(Callimachos), 에라토스테네스(Eratosthenes), 로도스의 아폴로니오스(Apollonios von Rhodos), 비잔틴의 아리스토파네스(Aristophanes), 아리스타르코스(Aristarchos) 등이 영향을 끼쳤다. 교육과 좀 더 밀접한 관련을 맺고 등장한 두 번째 시설이 기원전 322년 프톨레마이오스의 첫 번째 왕조가 기반을 닦고 두 번째 왕조가 확장한 박물관이었다. 넓고 휘황찬란한 공간에 100명의 학자를 모았다. 이 공간에서 이들은 전혀 근심 없는 존재감을 향유했다. 학문적 공동 연구를 위해 학자들을 한곳에 모은 것이다. 그들은 실험 도구들, 의학연구소, 자연과학연구소, 식물원, 동물원 등을 마음대로 활용할 수 있었다. 의심할 여지 없이 이집트 수도원이 학문적 연구에 주도적인 역할을 했다. 박물관의 학자들에게 교수의 의무가 부여된 것 같지는 않다. 하지만 그들 주변엔 학생들이 몰려들었다. 학생들이 모이는 공회당에서 그들은 강의를 했다. 이 박물관이 나중에 로마제국 시기 다른 교육기관의 표본이 되었다. 알렉산드리아와 경쟁 관계에 있는 지역의 왕조 가운데 페르가몬(Pergamon)에서도 유사한 기관이 생겨났다. 특기할 만한 사항은 스토아학파가 이 기관을 통하여 문법, 철학, 국가학, 법률학에 영향을 끼쳤다는 점이다. 시리아와 더불어 다른 지역에서도 왕들이 유사한 기관을 설립했다. 이 모든 것이 나중에 로마 교육기관의 초석이 된다. 도서관과 박물관 외에 기존의 철학학교는 존속되었다.

실증학문의 수업 체계에 대한 철학적 반동이 스토아학파, 에피쿠로스학파, 회의론자의 철학학파에서 형성되었다.

스토아학파는 아테네에서 최초로 생겨났다. 이들의 교육적 사고는 백과사전적 교육이 무용하다고 주장하는 데 있다. 철학이 오직 성격을 형성하며, 이러한 도야가 교육의 주요 목적이라는 것이다. 그들의 방법은 단순화에 있다. 즉 단순화를 통하여 그들은 특히 논리학의 요소에서 종합으로 점차 나아가는 형상을 부여했다. 이러한 점진적 과정에서 그들은 문법과 수사학을 수용했다. 스토아학파들의 경우 이러한 기초 학문의 형상은 그들의 수업 목적에 부합되어야 한다. 그들의 방법은 단순했으므로 널리 유행했다. 유사한 방식으로 그들은 윤리학과 물리학을 다루었다.

에피쿠로스학파는 백과사전적 교육제도에 대하여 반대적 입장을 취했다. 그들의 교육은 최상의 만족을 보장하는 조용한 감정 상태로 개인을 발전시키는 것이다. 이러한 감정 상태에 도달하기 위한 기초는 오직 학문적 인식, 특히 자연 인식에 있다.

이 시기의 교육이론가로 갈레노스(Galenos)를 들 수 있다. 그는 당시 지배적인 경험주의의 급진적 입장을 대표하는 사람이다. 그는 경험주의와 아리스토텔레스의 사상을 결합하고자 했다. 그는 특히 교육의 의학적 관점에 관심이 많았다.

제2부
고대 로마의 교육과 교육학

1. 공화정 시기의 로마의 교육

키케로(Cicero)가 말했다.

"그리스인들 가운데 어떤 사람은 모든 영혼을 다 바쳐 시인에게로, 또 어떤 이들은 기하학자, 음악가, 변증론자에게로 관심을 돌려 새로운 범주의 활동이 시작되었고, 청년의 정신을 인간성과 덕으로 형성하는 데 필수적인 교과들에 전 시간과 전 인생을 다 바쳐 전력을 다했다."

"하지만 로마의 아이들은 오직 고국에 이익을 가져오도록 교육을 받았다. 그러므로 사람들은 아이들에게 국가의 방식으로, 선조들의 기관에서 수업해야 한다. 우리의 정신, 재능, 이해의 모든 아름다운 힘을 국가에 이익이 되도록 헌신한다는 전제하에서 국가는 우리를 이 세상에 나오게 했다."

키케로는 여기서 로마 민족의 교육이 차지한 사회적 위치와 그리스 민족의 교육이 차지한 사회적 위치의 차이를 묘사하고 있다. 서로 엇비슷하지만 두 민족에서 교육이 차지한 위치를 주목해 보면, 교육의 본질에서도 차이가 존재한다. 고도의 문화를 지닌 국가의 비옥한 땅의 해변에 위치하고 있어 페니키아인과의 전쟁이 끊이지 않았던 그리스 민족들은 구성, 자유 형성, 창조적인 시적 상상력의 정신을 소유했다. 이러한 감각은 그리스 중부 지역까지 널리 전파되었다. 윤리, 법의 연속성, 가족의 결속은 그들에게 별로 중요하지 않았다. 로마에서는 구성적 정신과는 달리 훈육으로 단련된 의지가 지배했다. 그 의지는 오직 공동체를 위한 유용성에서 그 진가를 발휘했다.

1) 영웅시대의 교육

영웅시대의 다양한 민족의 교육 사이에는 동일한 삶의 조건과 그로부터 비롯된 삶의 이상에 바탕을 둔 하나의 유사점이 존재한다. 이때 근원적인 원인을 찾는다는 것은 고유한 민족성을 본질적 특성 안에서 파악한다는 것이다. 왜냐하면 이것에서 차이가 발생하기 때문이다. 이러한 관계의 연구를 위한 첫 번째 기본명제는 다음과 같다. 교육이 주요 사실로 관찰되어서는 안 되며, 성장세대에 미치는 의식적 작용을 살펴보기에 앞서 특정한 문화조직을 관찰해야 한다는 것이다. 즉 가장 중요한 것은 조건, 욕구, 이상을 만드는 민족적 삶의 독특한 구성을 관찰해야 한다는 것이다. 이들 세 가지 요소로부터 특정한 교육이 생기게 된다. 그런 다음 교육이 다시 역으로 국가적 삶의 구성에 영향을 미친다. 그리고 여기서 국가적 삶의 구성과 교육적 구성 간의 상호작용이 생긴다. 이러한 상호작용은 다른 민족의 영향으로 근본적인 변화가 있기 전까지 지속된다. 이와 같은 상호작용의 형식이 교육사에 대한 철학적 검토에서 두 번째로 주요한 과제가 된다. 이때의 형식은 민족적 삶으로부터 교육에 영향을 주는 동인으로서 세 가지 요소로부터 이해되어야 한다. 그 관계는 민족성과 헌법과의 관계와 유사하다. 헌법의 요소들은 민족성에서 유래하지만 민족성의 발달을 촉진할 수도 있고, 저해할 수도 있다. 단지 교육사는 교훈적이거나 아리스토텔레스 용어를 빌리자면 철학적이며, 그 관계가 좀 더 단순하다는 점이 민족성과 다르다. 조건과 과제 및 이상 사이에 조화로운 관계가 존재한다. 이것이 궁극적으로 교육의 국가에 대한 영향을 결정한다. 이러한 기본 관계 외의 두 번째 사항에 주목하지 않으면 안 된다. 위에서 언급한 세 가지 요소들은 각각 분리될 수 있다. 그리고 한편으로는 이 요소들 간에도 촉진적이거나 저해하는 인과관계가 성립될 수 있다. 다른 한편으로는 역사의 본질이 어느 시대나 동일하므로 고대에도 항상 일면적인 발달만이 있었다고 상정해 볼 수 있다. 이러한 이유로 인해 교육은 결코 그 어느 시대나 동일하게 모든 조건의 전체에 근거를 두거나 모든 과제의 전체를 충족시킬 수 없다.

이러한 근거를 바탕으로 나는 영웅시대 로마 교육의 본질을 그리스적 교육과의 관계 속에서 살펴보고자 한다. 그리스 도시국가에서는 삶의 조건과 교육의 과제 사이에 불균형이 존재했다. 이것은 과도하게 상승한 삶의 활동성과 자연을 인위적으로 침해하려는 경향으로 인해 도시국가를 급속하게 몰락으로 몰아간 총체적인 부조화의 한 부분이다. 작은 영토에서 나와서인지 그들은 대표자 회의를 통한 지속적인 헌법을 발전시키지 못했다. 노예제로부터 기인한 것으로, 그들은 생산적인 일을 기피하고 점차 정치와 전쟁에 따른 소유욕에 물들어 갔다. 하지만 교육이 불균형을 보이는 것은 다른 점에서다.

교육의 과제는 적절한 수의 시민을 동등한 능력을 갖춘 존재로 개발하는 것이다. 이 시민들은 하나의 공동체를 형성하여 전쟁과 정치적 행위를 통해 자신과 유사한 도시국가 혹은 좀 더 큰 도시국가들 사이에서 자신을 보존하거나 보다 강력한 국가로 성장할 수 있는 기초를 다진다. 그리스 정치는 개별 도시국가의 성장에 관심을 두었을 뿐

도시연합의 구성을 등한시했다. 그리스의 도시연합의 성격을 이해한다는 것은 그리스 국가 전체의 대외적인 정치를 파악한다는 것이다. 그 관계는 다음과 같다. 저마다의 자치적인 행정을 하는 각각의 도시국가는 외교권과 군사권을 주도적인 국가에 양도하며, 그 국가가 연방의회의 도움을 받아 통치를 한다. 그 관계는 몇 가지 결정적인 단점을 지니고 있다. 이들 국가들의 군사조직은 평화 시에는 자율적이며, 오직 전쟁 시에만 주도적인 국가의 통제를 받는다. 이로부터 시간이 지나면서 이러한 수평적 관계를 완전한 종속 관계로 변화시키려는 주도 국가가 생기게 된다. 심지어는 스스로 병역 복무 대신에 세금을 부과하거나 금전을 청구하기도 한다. 여기서 도시연합의 활발한 군사동맹이 생겨날 리 만무하다. 의회의 대표성도 결여되어 있었다. 따라서 도시연합 국가는 동일한 사고로 힘을 모아가는 전체로 함께 성장할 수 없었다. 그리스는 점차 아테네와 스파르타라는 두 도시국가의 지리적 위치에 따라 두 개의 중심을 갖게 되는 불운을 맞이하게 된다. 스파르타는 아테네를 파괴하려고 했지만 그리스 통일국가의 건설에는 별다른 관심이 없었다. 로마에서도 재앙을 가져왔던 일반 법칙에 의하면 학문이 사라진 국가에서는 소유욕, 기만, 정의감의 결여가 득세하게 된다. 부(富) 혹은 고급문화와의 조우로 인해 단순하고 오래된 법률관계와 관념은 공격당하고 파괴된다.

아테네는 교육의 조건에서 또 다른 근본적인 결함을 지니고 있었다. 여기서 여성은 법적으로 독립성을 확보하지 못했다. 남편은 언제라도 지참금과 함께 부인을 가족에게 돌려보낼 수 있는 권리가 있었다. 결혼 생활은 엄격했으며, 윤리적 측면에서 볼 때 감동적인 여성상을 발전시켰다. 하지만 자라나는 아동에 대하여, 여성은 나중에 로마에서 교육적으로 강력한 영향력을 행사했던 것과 같은 지배적인 위치에 있지는 않았다. 아이는 7세가 되면 유모의 손에서 당시 노예 신분이었던 교사의 손으로 넘겨졌다. 여기서 또한 노예제도의 파괴적인 경향이 드러난다. 이 노예는 대개 수업을 한 것이 아니라 아이를 감시하고, 초등학교 교사나 체육교사에게 데려다 주었다. 훌륭한 교육을 받은 아테네의 아동은 교사 없이 홀로 집을 나설 수 없었다. 아동의 머릿속에 복종과 훈육을 주입시켜 자율성을 찾아볼 수 없었다. 그리고 여성의 위치는 다른 관계에서와 마찬가지로 자라는 아동의 윤리와 다른 남자들에 대한 관계에서도 악영향을 미쳤다.

두 번째 결정적인 결함은 임의적인 수업제도에 있었다. 그것은 가정교육에서 부족한 부분을 채워주기에는 적합하지 않았다. 그리하여 많은 교육이론가들은 변화를 촉구했다. 고등수업이 개발되었으나 대중의 이기적 요구를 넘어서지 못하고 오히려 압도당하고 말았다.

이러한 정황하에서 정치적 관계에서 비롯된 보편적인 기본 결함, 즉 법적 기초와 강력한 법의식의 결여는 특히 아테네에서 좋지 않은 결과를 초래했다. 모든 법 개념이 무너지게 된 것이다.

동시에 이들 도시국가 그 어느 곳에서도 확실한 발전을 가져올 만한 굳건한 종교의식도 찾아볼 수 없었다. 만일 그것이 있었더라면 어느 정도 정신적 지주가 되었을지도 모른다. 법의식의 결여는 정치 및 시민의식에 동기를 부여했던 윤리의식에 어떤 제약도 없이 즉각적으로 영향을 주었다. 학문은 아직 이것을 대체할 만큼 충분히 성숙하지 못했다. 모든 수단을 강구하여 굳건한 유일신 신앙의 기초를 세우고, 법 개념을 공고히 하며, 보통의무 공립학교 수업을 관철시키고자 했던 수업 조직의 발달과 교육이론가의 강력한 의지를 우리는 여기서 이해할 수 있다. 아테네가 커다란 위험에 처했을 때 플라톤이 제시한 교육체계는 너무 급진적인 나머지 지속적인 치료제가 될 수 없었다. 가정이 교육의 기초를 제공하지 못했으므로, 도시국가는 공적인 교육에서 교육의 기초를 찾고자 했다.

이제 로마 교육제도의 본래 모습과 그리스적 요소를 비교해 보자. 로마에서는 그리스보다도 교육제도를 마련해야 하는 과제가 더 시급하게 요청되었다. 나폴레옹이 말한 바와 같이, 이탈리아는 자연적 구심점을 갖고 있지 않다. 하지만 숙명적으로 이탈리아에는 정치적으로 로마에 필적할 만한 도시국가가 존재하지 않았다. 이탈리아의 정치적 중앙집권화의 지름길은 굳건한 법적 기반에 의해서 이루어졌다. 이탈리아를 법적으로 도시국가 로마에 종속시켰던 근본적인 실수는 나중에 하나의 운명이 되었다. 농장을 소유한 지역의 귀족이 전쟁과 정치를 주도하게 된 것이다.

가정은 로마 아이들의 교육이 이루어지는 활기찬 삶의 단위가 되었다. 신성한 결혼을 통해 탄생한 아들에게는 수도사의 복장을 착용할 수 있는 권리를 부여했지만, 여성은 남성의 손아귀에 두었다. 느슨한 형식의 결혼식도 있었다. 결혼이 남성의 자의에 따라 파기되지는 않았다. 법률적 관점에서 여성은 미성숙한 존재로 재산을 소유할 수 없었고, 유언을 남길 수 없었다. 하지만 가정에서는 대단한 존경을 받았다. 이 이야기는 여성의 존엄성을 침해하여 왕의 가족이 추방된 사실에 근거를 두고 있다. 최초의 이혼은 기원전 231년 대대적인 비난 속에 이루어졌다. 여성은 여기서 가장 완성된 의미에서의 교육자였다. 이처럼 결혼 생활은 처음부터 법적 기초 위에 마련된 의식적으로 형성된 법 기관의 하나라 할 수 있었다. 베스타(Vesta)의 신성한 불을 지키는 정결한 미혼 여성(Vestalin)의 법적 위치 또한 이와 비슷했다. 유죄 선고를 받은 자가 그녀를 만나면 사형선고의 형을 감해주기도 했다. 아이를 가족 구성원의 일원으로 만드는 것은 탄생이 아니라 법적 행위를 통해서였다.

아버지는 법적으로 무제한적인 권력을 가지고 있으나, 어머니에게는 엄격한 관습에 의하여 아동교육의 전권을 주었다. 《클라리스 오라토리부스(Claris Oratoribus)》(28장)의 대화편에 다음과 같은 내용이 등장한다. 정숙한 여인으로부터 태어난 아들은 처음부터 대가를 지불하는 유모의 방으로 보내지는 것이 아니라, 어머니의 무릎과 젖가슴에서 양육을 받는다. 여성의 가장 큰 영광은 가정을 대표하며, 아동을 양육하는 것이다. 동시에 친척 가운데 나이 든 부인을 선택하여 가족의 아이들에게 실생활에 도움이 되는 고상한 관습을 교육시켰다. 아이들은 여기서 사악한 말을 하거나 나쁜 짓을 하는 것이 악하다는 것을 배웠다. 그녀는 신성함과 경건성을 지니고 있었으며, 진지한 일에만 몰두한 것이 아니라 아동의 휴식과 놀이를 지도하기도 했다. 이러한 '어머니 품 안의 교육'이라는 정신 속에 진정한 로마 가정의 긍지가 남아 있다. 아동 존중에 대한 최대 의무 또한 로마의 진정한 가정적 의미에 대한 하나의 표식이었다. 로마 시대에는 더 이상 그리스 시대에서와 같은 노예 출신의 교육자가 존재하지 않았다. 아이가 어머니의 감독에서 벗어나는 경우는 아버지의 직무실에 동행하는 경우가 유일하다. 그는 아버지로부터의 교육을 통하여 나중의 의무를 충분히 익히게 된다. 그는 보호자인 아버지가 법률적 정보를 얻기 위해 찾아온 손님을 환대하는 동안 그 자리에 함께 있었다. 고대 로마에서는 아버지가 긴 외출용 상의인 미성년 토가(Toga)를 입혀 아이를 의회에 데리고 들어갈 수 있었다. 찬양과 회상연설에서 그는 선조들의 명예를 지각했다. 충실한 가정생활, 법률 감각, 보호, 법률과 전술의 학문적 취급, 무사정신이 로마적인 삶의 일반적이고 공적인 사실이었다. 아이들은 이러한 분위기 속에서 성장했다.

교육에서 새로운 시기가 시작되는 것은 아이가 15세가 되어 미성년 토가를 벗고 정식으로 남성 성년 토가를 받게 되면서부터다. 그는 이제 단체에 가입하고, 공회에 참석하고, 유명한 법률학자와 관계를 맺게 되었다. 그는 또한 자신이 국가행정의 일부분을 담당할 때까지 정치적 집회에 참석했다.

이처럼 로마적인 삶 자체의 다양한 요소들이 교육적이었다. 이러한 교육은 단지 사회에서 행해야 할 특정한 일에 실천적으로 적용하는 것만을 의미하지는 않았다. 로마의 교육은 가족정신, 가족사, 법률 질서, 국가 행정으로 구성된 역사의식과 밀접한 관련이 있다. 현재가 과거와 연결되어 있다는 의식이 곳곳에 퍼져 있었으며, 이것을 감사하게 받아들였다. 경건성, 연속성, 법률 감각은 이러한 예들에 속한다.

그리스와 인접한 이탈리아 부족의 교육은 정교하면서도 매우 강렬한 특성으로 인해 동일한 수준의 다른 민족의 교육과 차이가 크다. 국가적 삶의 심연 속에 그 원천을 알 수 없는 교육적 힘이 들어 있다. 여기서부터 교육의 이상과 윤리가 나온다.

그리스에서와 마찬가지로 로마에서도 가정 내에서 할 수 있는 수업에 대한 욕구가 생겨났다. 로마적 삶 자체의 위대한 요소들을 통한 교육 외에 이러한 교사를 통한 수업은 처음에는 제한된 범위 내에서 실시되었다. 기원전 4세기에 아동에게 기초 수준의 공동 수업을 제공해 주는 학교가 등장한다. 이 학교는 아테네에서와 같이 사교육 기관이었다. 그리스 수업을 모방한 로마의 학교는 초급교사학교와 문법학교로 구분되었다. 루디 마기스테르(ludi magister)는 문법교수자에 상응하는 것으로 초등학교 교사였다. 그리스의 문법교사는 문학교사였다. 나중에 문학교사 외에 그리스의 어학교사가 등장했다. 로마 사람들은 그리스의 모형을 따라 이 사람을 문법학자라고 불렀다. 이미 이러한 수업은 그리스 교육과 학문이 로마에 끼친 영향을 그대로 반영하고 있었다.

2) 2세기 초엽 그리스인들의 영향으로 인한 로마 교육의 전환

로마 영웅시대의 교육은 오랜 기간 동안 국가의 요구와 개인적인 삶의 이상에 부응해서 이루어졌다. 이 시기의 교육은 정치와 군사적 용도에 맞게 로마인을 쓸모 있는 인간으로 만들려는 과제를 해결했다. 국가적 삶에서 더 나은 조건이 형성되었으므로 이전의 교육체계보다는 훨씬 나은 교육을 할 수 있었던 것이다. 가정의 주인으로서 여성의 위치와 공적 장소에서의 법률 감각은 로마의 교육을 그리스의 다른 도시국가보다 월등하게 만든 요인이 되었다.

로마의 세계적 위치가 변하기 이전까지 이러한 상태는

지속되었다. 지중해의 주도적인 세력들, 그리스-마케도니아, 페니키아-카르타고, 오랜 전쟁을 거쳐 이제 막 형성된 이탈리아 반도의 여러 영방(領邦)국가들 중에서 이탈리아가 맹주가 되었다. 지중해를 지배하면서 국민들의 부의 편재가 급속히 바뀌게 되었다. 로마 귀족의 농가에서 궁전이 등장했다. 헤아릴 수 없을 정도로 많은 부를 축적한 사람들의 신분과 아무것도 소유하지 못한 자 사이의 숙명적인 대립이 전개되었다. 이렇게 해서 로마의 삶의 조건은 변하게 되었다.

이와 동시에 피지배자에 대한 국가 행정의 요구도 달라지기 시작했다. 전쟁과 정치는 점차 어려운 기술이 되었고, 법은 학문으로 자리를 잡아 더 이상 공회당의 판결을 청취하여 배울 수 없었다. 연설은 이제 지방의 행정관리가 될 수 있는 가능성을 열어주는 수단이 되었고, 이들은 여기서 많은 부를 축적할 수 있었다. 상승된 욕구를 충족시킬 수 있는 길은 오직 교육제도의 향상을 통해서였다.

이 시기에 변화가 일어날 수밖에 없었던 것은 로마가 카르타고를 눌리치고 지중해를 지배하기 시작했기 때문이다. 카르타고를 물리친 스키피오 아프리카누스(Scipio Africanus)는 새 시대와 새로운 교육의 지도자였다. 상위 계층의 로마 교육의 새로운 목적은 단순한 국가교육과는 완전히 구별되었다. 그리스의 소피스트 시기와 같이 교육은 하급 수준과 고급 수준으로 나누어졌다. 이것은 언제나 정치 및 경제 관계가 변화된 것에서 기인한다. 그러면서 국가의 신분은 지식인 계층과 평범한 국민으로 이분되었다. 인간성 교육(humanitas)의 목적은 그리스와 같이 연설과 정치 · 군사적 권력으로 행사되는 정치적 지배였다. 점차 변화된 요구로부터 그에 상응하는 새로운 교육 형식이 나오게 되었다.

좁은 시야를 지닌 역사관에서는 이러한 변화를 아쉬워할지 모른다. 하지만 그러한 변화를 무력으로 저지한 결과, 문화 대신에 사치와 윤리적 타락, 법률의식과 지혜 대신 간교함을 얻었던 스파르타인들의 예는 무력적인 조치를 통하여 점진적으로 변화하는 정신문화를 막는 것은 국가에 해악을 가져온다는 것을 보여준다. 가장 고귀하고 먼 장래를 바라볼 수 있는 사람들이 바로 역사의 지속적 발전의 첨병이요 담지자였다는 사실이 그와 같은 점을 입증하고 있다. 역사가들은 자신이 다루고자 하는 국가의 가장 중요한 인물을 실제보다 더 뛰어나게 기술하려는 충동에서 벗어나지 않으면 안 된다.

이것에 덧붙일 수 있는 중요한 사실 중의 하나는 인류

의 지속적인 진보는 오직 학문의 지속적 진보에 기반을 두고 있다는 것이다. 하지만 문헌학자들은 엄밀한 학문의 진보에 대해서는 아는 바가 없으므로 이 점이 비밀로 남게 된다. 내가 이미 서문에서 심리학적으로 증명한 바와 같이 지속적인 성장이 일어나는 분야는 그 어디에도 없다. 사고, 개념, 통찰은 세대 간 전이될 수 있다. 하지만 의지와 감정은 그럴 수가 없다. 그리스의 찬란한 지적 문화가 거부할 수 없는 매력으로 로마정신에 영향을 준 것은 인간 본성의 가장 생산적인 방향을 드러낸 것과 같다. 이러한 매력을 온몸으로 수용한 것은 로마제국의 가장 고귀한 정신이었다. 그들의 업적은 그리스 문화를 로마로 전승한 것이다. 이를 통하여 지속적인 진보가 이루어졌으며, 그 열매를 오늘날 우리가 향유하게 되었다.

로마가 이탈리아 전역을 장악하고 동쪽과 서쪽으로 그 세력을 확장하기 시작하면서부터 사람들은 그리스 문화를 보편적이면서, 모든 것을 아우르는 문화의 요소로 접하게 되었다. 기원전 2세기 초에 그리스는 마케도니아의 지배에서 해방되었고, 마침내 로마제국에 항복하여 로마제국의 한 지방으로 재편되었다(기원전 146년). 폴리비우스(Polybius)를 위시한 그리스인 1000명이 기원전 167년 이탈리아로 끌려오게 되었고, 그곳에 7년간 머무르면서 그리스 교육의 씨앗을 퍼뜨렸다. 기원전 159년 크라테스(Krates von Mallus)가 페르시아 왕 아탈로스(Attalos) 2세의 사신으로 로마에 오게 되었다. 사고로 인해 그는 로마에 오랜 기간 동안 머무를 수밖에 없었는데, 이 시기에 그리스어 강의를 했다. 이와 같이 페르시아 문법학교로 인해 그리스 문법의 학문적 연구가 로마에 전해진 것이다. 몇 년이 지난 기원전 155년에 당시 가장 명망 높았던 아테네 철학학교의 대표자들이 아테네의 사신으로서 로마에 오게 되었다. 이 학교는 스토아학파, 아카데미학파, 소요학파의 학교들로서 이 가운데 가장 유명한 철학자인 카르네아데스(Carneades)는 몇몇 동료와 함께 로마에 입성하여 명망 있는 로마인들로부터 존경을 받았다. 이처럼 그리스 정복은 중세 초기 콘스탄티노플의 경우와 같이 비슷하게 로마에 영향을 주었다. 그 영향은 거역할 수 없는 것이었다. 더 높은 문명에 대한 열망과 그 문화에 참여하려는 본원적인 욕구가 로마인을 사로잡았다. 독자적인 예술과 학문적 능력이 부족하여, 오직 정치적 · 법률적 · 군사적 능력에 의존하여 존속해 오던 로마 사회는 그리스적 사고와 시의 찬란함에 완전히 매료되었다.

마치 고철과도 같이 처음에는 단지 물질적 가치만을 추구했으나, 정복한 도시의 예술작품을 수집하고 대규모

농장이 들어서면서 적지 않은 가족들은 만 명 이상의 노예를 소유하게 되었다. 1억 탈러(Taler)를 가진 사람은 의회에서 재산이 많지 않은 사람으로 간주될 정도였다. 금권귀족정치가 등장하면서, 국민은 아무것도 가진 것이 없는 천덕꾸러기로 전락했다. 자유인과 이방인이 급증하면서 자유로운 농민 신분의 위상이 추락했다. 군사문화가 형성되었고, 종교로 유지되던 정신문화는 희미해졌다. 즉 성직문화 자체가 고대의 단순한 신앙에서 나온 단조로운 의식과 교조적 체계로 바뀌면서 민중의 소박한 신앙심을 옥죄는 결과를 초래했다. 그리스 철학이 수준 높은 시적 운동을 촉발하기 이전에 이미 이러한 상황 속에 쇠락의 모든 요소가 깃들어 있었다. 그 상황은 그리스 소피스트 시대의 상황과 정확히 일치한다. 카르타고와의 2차 전쟁 이후 여성들이 사치를 제한하는 법률의 폐지를 위한 합법적인 시위를 했다. 여성들은 강력했고, 카토(Cato)의 노력도 허사로 돌아갔다. 이때의 상황은 스파르타의 상황과 비슷하다. 즉 모든 지적 도야에 앞서 정치적 관계의 변화를 거치면서 여성들에게 윤리적 변화에 대한 강력한 요구가 생기게 되었다.

고급문화와의 조우가 반드시 국가의 몰락에 악영향을 끼치는 것은 아니다. 가령 우리의 경우 종교개혁 시기에 그리스와 로마 학문의 수용은 그러한 발전을 촉진시켰을 뿐이다. 그 어떤 미국인들도 유럽학문이 미국에 부정적인 영향을 끼쳤다고는 보지 않을 것이다. 굳건한 기반을 지닌 강건한 국가라면 플라톤, 아리스토텔레스, 스토아의 철학을 수용하여 이질적인 요소와 부딪치면서 힘찬 진보를 이루었을 것이다.

하지만 스스로를 지주, 군인, 법률가, 행정가라고 느꼈던 고대 사람들은 그리스 교육의 침투가 무엇을 의미하는지 잘 알고 있었다. 그들이 목전에서 본 것은 고대 그리스 창조물의 찬란한 황금빛이 아니라 각종 부패와 그리스 문학의 오물이었다. 이리하여 격렬한 투쟁이 일어나게 되었다. 원로였던 카토는 그리스 문학을 엄격하게 검열했다. 그는 노예를 자립하도록 양육하고, 스스로 자신의 아들을 가르쳤다. 그는 심지어 아들을 위하여 문필가가 되었다. 하지만 그는 아들을 위하여 그토록 경멸하던 그리스 교육을 받아들이지 않을 수 없었다. 그리스 교육은 그에게도 불가피하게 보였던 것이다. 이런 상황에서 무엇을 더 바랄 수 있겠는가! 그 어느 것으로도 그리스 문명의 확산을 막을 수 없었다. 그리스 문명의 영향은 제일 먼저 로마 문학의 창조로 나타났다. 이러한 로마 문학을 창조한 요인은 한편으로는 무대의 요구였고, 다른 한편으로는 학교의 요구였다. 서사시인과 교사는 그리스적 요소로부터 로마 문학을 탄생시켰다. 이러한 진전은 피할 수 없는 것이었다. 유럽 문명은 이러한 전승, 즉 그리스의 보편적 문명이 고대 로마적 요소로 분해된 것에 기반을 두고 있다.

학교는 이러한 운동의 중요한 동인으로 작용했다. 그리스 교육의 전승이라는 과제를 떠맡았고, 그리하여 유럽에 외국어, 문법, 모범적인 문필가를 수업에서 다루는 최초의 학교가 등장했다. 이것이 우리가 후일 김나지움이라고 부르는 기관의 기본적 원리였다.

실제적인 목적에서 로마의 상인과 공무원들은 이미 이전부터 그리스어를 배웠다. 이탈리아의 노예와 자유민의 일부는 나면서부터 그리스인이거나 혼혈 그리스인이었다. 상인과 공무원들은 그리스어를 필요로 했다. 정치가들은 그리스인들 앞에서 그리스어로 말할 수 있었다. 그들은 그리스어로 기록을 남겼고, 주연에서 낭송되는 그리스 시구를 이해했다. 이미 그리스어로 수업이 진행되었다. 이러한 경험적 언어수업은 점차 고등 문학수업으로 전환되었다. 그리고 사람들은 그리스 언어 및 문학수업의 모든 방식을 로마의 언어 및 문학수업에 적용했다. 이렇게 해서 16세기 김나지움의 원리가 되었던 새로운 교육의 형식이 형성되었다. 이 교육은 이중언어적이며, 그리스 교육과 문학을 이상적인 것으로 간주하고 있다. 국가적 교육과 무관한 인간성 교육(humanitas)의 이상이 생기게 된 것이다.

3) 2세기 중엽 이후 공화정 시기의 학교들

2세기 중엽 새롭게 변화된 조건하에서 로마에 그리스를 모방한 학교가 생긴다. 기초수업을 위해서 그리스 언어와 문학을 위한 학교가 설립되었다. 이러한 학교가 이미 기원전 161년에 설립되었음을 알 수 있다. 하지만 로마의 언어와 문학 수업에 그리스적 방법은 나중에 적용된 것이다. 라틴어에 대한 학문적 연구를 시작한 사람은 스틸로(Stilo) 혹은 그리펠만(Griffelman)이란 별명을 지녔던 프라에코니우스(Praeconius)다. 그는 지인들을 가르쳤는데, 이 중에는 키케로와 바로(Varro)도 포함되어 있었다. 뒤이어 그리스 문법학자들의 범례를 로마의 언어와 문학에 끌어들인 학교가 개설되었다. 이것은 1세기와 2세기 사이에 개설된 것이다.

새로운 교육 분야는 그리스 논리학과 수사학이다. 언어분석, 언어의 다양한 형식과 정신적 내용과의 관계에 대한 연구가 확산되었다. 문법 연구에 대한 관심은 매우 활발했다. 특히 라틴어의 간결함과 엄격한 훈련이 최고의 학자들이 추구한 목적이었다. 그 시기 가장 위대한 학자였던 바로(Varro)는 라틴어에 관한 24권의 저서를 남겼다. 카이사르(Caesar)는《아날로그》라는 작품에서 갈리아 전투 중의 일화를 다음과 같이 쓰고 있다. "총탄이 쏟아지는 가운데서도 나는 명사의 격변화와 동사의 변화법칙에 몰두했다." 그는 라틴어 문법의 제6격에 탈격(Ablativ)이라는 이름을 부여했다. 이러한 문법적 열정은 세련된 인상을 준다. 그러나 그에게서 모국어에 대한 애국주의적 경향이 나타나고 있다. 사람들은 그 안에서 법칙과 규칙을 찾는다. 이러한 연구에 힘입어 라틴어는 음성적 약화의 억제, 그리스적 요소의 제약, 간결함의 특징을 지니게 되었다. 이때부터 잘 정련된 문법체계는 정신적 훈련의 가장 중요한 수단이 되었다.

그리스에서 문법수업과 수사학수업이 분리되었던 것과 같이 로마에서도 똑같은 상황이 발생했다. 사람들은 로마에서도 그리스의 수업 내용으로 교육하기 시작했다. 이 수사학교는 그리스 수사학교였다. 그 이후 갈루스(Gallus)는 기원전 90년경 처음으로 라틴어 수사학교의 문을 열었다. 낭시 최초의 번호사였던 크라수스(Crassus)가 이것에 반대했지만 헛수고였다. 그리스에서와 같이, 고안된 주제에 관한 낭송 연습이 여기서도 다루어졌다.

가령 보모의 주검 주변에서 발견된 오디세우스(Odysseus)를 어떤 사람이 살인자로 기소하면, 어떤 다른 사람이 변론을 맡는다. 또 오레스트(Orest)가 모친 살해범으로 기소되면, 변론자가 등장한다. 혹은 다른 경우에 아가멤논(Agamemnon)이 이피게니(Iphigenie)를 처치할 것인지를 고민하거나 한니발(Hannibal)이 로마에 대항할 자신의 군대를 어떻게 통솔할 것인지를 숙고했다.

수사학교는 점차 로마의 수업의 목적을 가장 잘 구현할 수 있는 형식을 찾게 되었다. 이러한 모든 형식들은 조직의 결함을 보이고 있다. 아테네에서와 같이 로마에서도 고등교육은 사교육 기관으로 형성되었으므로, 대중의 이기적 욕구를 극복하지 못하고 오히려 그것에 봉사하는 기능을 하게 된다. 그리스 고등교육 기관과 마찬가지로 로마의 고등교육 기관은 국가적 문화와 새로운 민족성의 형성에 긍정적인 영향을 미치지 못하고 있다. 그것이 오히려 국가의 쇠락을 가속화하는 데 기여하고 있다.

이렇게 학교의 분리가 생겨난다. 사람들은 초등학교에서 시작하여, 문법학교에 갔다. 이들은 학교를 마친 후 뛰어난 관재인(管財人)에게 보내져 실무와 함께 수사학을 배웠다. 로마 교육은 이와 같이 3단계로 진행되었다.

문법학교의 과정은 7세에 시작되었고, 공립 기초학교

에 편재되었다. 아이들은 교사가 왁스칠을 한 칠판에 써 준 글자를 따라하는 방식으로 철자법과 쓰기를 배운 뒤 읽기를 시작했다. 뒤이어 설명문과 문단을 분석하거나 암송하고, 강세와 발음을 익혔다. 그다음 계산을 배웠는데, 처음에는 암산하거나 칠판에서 계산했다. 또한 아이들은 작은 상자에 수학용 돌을 넣어 다녔고, 이것으로 사칙연산, 즉 가감승제(加減乘除)를 연습했던 것 같다. 물론 최초의 수업 내용으로 로마공화정 초기부터 진행된 12동판법에 대한 숙련이 있었다. 이것은 아동의 법률과 정치적 교리 문답서였다. 여기에 더해 호메로스의 번역본이 학교에서 빼놓을 수 없는 교재였다. 기원전 272년 그리스인 안드로니코스(Andronikos)가 로마에 붙잡혀 왔다. 노예의 임무는 교사 혹은 필사(筆寫)의 일을 하는 것이었다. 그리스의 교육에서도 그랬던 것과 같이 그는 기본 교재로 활용하기 위해 호메로스의 작품을 라틴어로 번역했다. 아우구스투스(Augustus) 대제의 통치기까지 호메로스는 학교에서 통용되었으나 점차 그 문체와 형식이 시대에 뒤처지게 되었다. 학교에서 사용할 수 있도록 에니우스(Ennius)의 일화, 6운각의 시구로 이루어진 로마사의 서술 등이 지속적으로 추가되었다.

12세부터 아동기가 끝날 때까지 문법학교 수업은 계속

되었다. 라틴어와 그리스어는 문법 분석의 형식으로 학문적으로 습득되었다. 여기서 학문의 진보를 바탕으로 교육기관의 발전이 이루어진다. 알렉산드리아에서 문법과 문헌학이 정립되었다. 이들 학문이 교육에서 맺은 결실은 오늘날 우리의 김나지움과 유사한 학교를 통해서다. 이 학문은 문법 분석과 그리스와 로마의 작가들에 대한 문헌 연구가 결합된 것이다. 역사, 철학, 시, 연설의 요소들이 이것과 연결되어 있었다. 그리스어와 라틴어로 시를 짓는 일은 교양 있는 로마인의 재능에 속했고, 이러한 능력이 매를 동반한 매우 엄격한 훈육을 통하여 개발되었다.

로마의 교육을 전후로 나눌 수 있는 한 시점에서 우리는 로마 교육의 특성을 파악할 수 있다. 학교를 졸업하고 아동기를 벗어난 로마인들은 대부분 최우선적으로 미래의 직업을 체험하도록 여러 분야로 보내졌다. 원하는 직업에 따라 농장이 있는 공동체에서 행정을 주관하는 농가로 보내지거나 혹은 지휘관으로 추천되어 군인이 되기도 했다. 군인이 된 후에도 병영 생활에서 시 낭송 연습을 절대로 게을리하지 않았다. 혹은 정치가나 법률가가 되는 길을 택할 경우 유능한 변호사나 법률가에게 맡겨져 공공 토론장이나 공회에 동행되었다. 이와 같이 키케로는 변호사인 스카에볼라(Scaevola)에게 넘겨져, 로마 최고의 변호사 및 탁월한 정치가가 되었고, 나중에 히르티우스(Hirtius)와 돌라벨라(Dolabella)를 가르쳤다.

이외에도 법률가나 정치가가 되기 위해 법률과 연설 분야의 특정한 이론적 수업을 받았다. 그렇게 해서 생긴 교육기관은 분명 미래의 법률가와 정치가를 위한 전문대학으로 발전했다. 그 과정은 장차 정치가가 될 사람이 필요로 하는 수업 자료의 강독에서 시작되었다. 철학과 정치학은 여기서 중심에 있었다. 이러한 정치가를 위한 전문학교는 규칙적으로 실증학문의 진보에 따른 제약을 받았다. 법학만이 창조적으로 발전되었다. 정치학은 폴리비우스를 거쳐 스키피오에 와서 발전했고, 키케로가 이를 계승했다. 역사학에서는 심리학적 기초와 정치적 판단이 놀랄 만큼의 진보를 거두었다. 이에 반하여 자연과학과 일반적 학문의 성장은 찾아볼 수 없었다. 이것이 바로 학문의 문화적 요소와 고등교육 기관의 발달 사이의 기본적 관계다. 이때 고등교육 기관은 학문의 발전과 궤를 함께하며, 역으로 학문의 발전에 지대한 영향을 미치기도 한다.

2. 공화정 시기의 교육사상가

교육이론은 단지 교육기술에 대한 성찰과 그 규칙 속에 존재하는 것이 아니라 교육의 목적을 사변을 통하여 확인하려는 시도에서 등장한다. 즉 교육 목적에 대한 의식이 격변을 경험하고 난 후에 생겨나는 것이다. 로마에서도 이와 비슷한 상황이 발생했다. 그리스적 삶의 풍요를 받아들이는 데 급급했던 교육적 노력이 반대에 직면하게 되고, 이에 대한 설명이 요청되었다. 로마에서 교육학이 생긴 것은 기원전 2세기 중엽이었다.

로마 최초의 교육이론가는 기원전 234년에 태어난 카토(Porcius Cato Maior)였다. 그의 전 업적은 교육학적 성격을 지니고 있다. 그는 그리스 문화에 대한 저항에 한정하지 않고, 자신의 아들에게 국가적인 로마 교육을 충분히 하고자 했고, 자신의 저술을 통해 그러한 이념과 수단을 제공하려고 했다. 이렇게 해서 그는 자신의 편람을 저술하게 되었다. 그 가운데 가장 중요한 것은 자신의 아들 마르쿠스(Marcus)에게 준 《연설가에 관하여》다. 이것은 이 분야에 관한 로마인 최초의 저술이다. 소피스트가 이전에 완전히 등한시했던 분야가 그에게는 가장 중요한 분야였다. 연설가는 최고의 인간이 되어야 한다. 성품이 연설가를 만드는 것이지, 연설이 연설가의 운을 좌우하는 것이 아니다. 이것은 그리스적 붕괴에 대한 고대 로마의 생각을 표출한 것이다.

다른 편람은 윤리학, 농업, 법학, 군사학, 보건학에까지 미치고 있다. 이것들은 교육 자료의 백과사전적 지식을 형성했다. 로마 본래의 정신을 여기서 다시 볼 수 있다. 그 기본이 농업이다. 그래서인지 조각박물관에 있는 로마의 남성과 여성의 흉상들은 다소 힘 있고, 거칠다.

그다음으로 로마공화정 시대에 교육의 정점에 섰넌 대표적인 인물이 바로와 키케로다. 기원전 116년에 태어나 기원전 27년에 생을 마감한 바로는 9권으로 된 백과사전을 남겼다. 라틴문헌학은 이제 라틴어에 관한 그의 위대한 작품 속에서 문법학으로 성장했고, 신과 인간적인 것들에 대한 고문 연구 속에서 실증문헌학으로 성장했다. 바로는 학문연구의 정점을 로마의 언어와 문학으로 보고 있다. 기원전 106년에 태어나 기원전 43년에 암살당한 키케로는 철학 · 수사학 · 정치학 교육에서 탁월한 업적을 남겼다. 그는 그 시대의 교육을 당시 교육의 목적과 정점에서 관찰했다. 왜냐하면 교육의 목적과 정점은 연설가와 정치가에 있었기 때문이다. 그는 당시 로마의 삶의 이상이었다. 그래서 키케로는 로마 발전의 정점에 서 있는 교육적 이상을 범례화하여 자신의 저술에 담았다. 세네카가 이르기를, "로마의 민족정신은 키케로가 덮고도 남는다".

키케로의 위대성은 퇴폐적인 그리스 문학에 젖어 살던 사람들과는 달리, 그리스의 위대한 고전적 사상가에게로 돌아가, 이 결과를 로마 문화의 조직과 관련지어 다루었다는 데 있다. 이를 위해서는 탁월한 사고, 지도적 위치에서의 위대한 경험, 광범위한 학식이 요구되었다. 이 모든 것을 통일함으로써 그는 새로운 유럽민족의 위대한 교사가 되었던 것이다.

나는 이제 플라톤과 아리스토텔레스로부터 정초된 그의 심리학의 기초로 넘어가고자 한다. 그의 독창성은 직업 선택과 청소년의 발달과정 전반에 관해서 언급하고 있다는 점이다. 여기서 그는 모든 인간의 목적이 한편으로는 일반적인 인간성의 발달에 있지만 다른 한편으로는 그의 개성에 있다는 기본적인 생각을 전개하고 있다. 자신에게 가장 유용한 것이 가장 좋은 것이다. 이러한 유용성에 대한 연구로부터 국가에서의 직업 선택이 이루어져야 한다. 교육을 받아야 하는 가장 중요한 동인이 명예욕이었다는 점은 가장 이탈리아적인 것이다.

인간의 개성을 위해 설정되어야 하는 최상의 과제는

연설가 및 정치가의 과제다. 그것이 특별한 것은 아니다. 그는 변증론자의 예리함, 철학자의 사고, 시인의 표현력, 법률가의 기억, 서사배우의 목소리와 동작을 자신의 내면에서 통일시켜야 한다. 그의 저서 《연설가(de oratore)》는 연설가 및 정치가의 이러한 과제를 어떻게 해결할 수 있느냐 하는 키케로의 이론을 담고 있다. 《브루투스(Brutus)》와 그의 다른 저술들도 이 저서와 연결되어 있다.

교육적 이상의 조건은 더 높은 단계의 삶에 대한 관점을 통해 구성된다. 키케로의 정치적 주저들이 플라톤의 기획을 따르고 있어서, 그의 교육학 이론은 다분히 정치학의 한 부분으로 간주되었던 것으로 보인다. 플라톤과 같이 키케로는 국가와 법률에 관한 대화에서 자신의 국가철학을 전개하고 있다. 대화편 《국가》는 헌법을 다루고 있고, 《법률》은 국가를 위한 법률을 다루고 있다. 두 대화편 모두 부분적으로 남아 있을 뿐이다. 우리는 그리스에서 빠져나와 새로운 세계로 접어들고 있다. 정치가와 국가를 자의적으로 대립시켰던 그리스의 정치적 교육과는 달리, 키케로는 정치가에게 기본적으로 로마사, 로마의 국가조직, 로마법에 대한 정확한 지식을 요청하고 있다.

완전한 국가는 키케로에 의하면 역사의 작품이지, 철학자의 고안물이 아니다. 그는 로마적인 것을 분석하여 모범국가 그리고 이상국가를 발전시키고 있다. 그에게 그런 국가는 융합된 국가다. 그는 역사적으로 주어진 것에서 이상적인 개념을 발전시켜 나가는 방법의 최초의 본보기를 잘 보여주고 있다. 그가 다른 사람들과 나누는 국가에 관한 대화는 우리의 관심을 정치가에게 옮겨놓고 있다. 여기서는 스키피오 대제의 아들과 그를 둘러싼 다른 정치가들이 대화를 나누고 있다. 또한 법률에 관한 대화의 기본을 이루고 있는 것은 로마법이다. 키케로는 역사적 · 사회적으로 주어진 실재를 우리에게 전달하고자 했던 것이다.

하지만 이러한 법의식과 역사의식이 그리스에서 수용된 철학적 신념에 의해 점차 손상을 입게 된다. 국가에 관한 대화는 처음에는 국가학이 물리학으로부터 국가를 위한 올바른 관점을 획득해야 한다는 설명으로 시작된다. 왜냐하면 이것은 지구가 단지 측정할 수 없는, 동일한 법칙으로 규정된 우주의 자그마한 점에 지나지 않는다는 점을 잘 보여주기 때문이다. 그러므로 남아 있는 인간의 위대성은 오직 내적 · 정신적 삶 속에서 발견될 수 있다. 그리고 그는 유명한 스키피오의 꿈으로 대화를 끝맺고 있다. 그는 꿈속에서 무한한 우주 공간 안에서 지구가 너무나도 작으며 로마제국도 자그마한 점에 불과하다는 사실을 부끄러워하고 있다. 이러한 견해는 세속적 삶을 경시하고 미래적 삶을 사랑하라는 가르침을 주고 있다.

이러한 기본적인 생각 속에서 사회에 대한 전혀 새로운 입장에 이르게 된다. 로마의 역사의식과 법률의식은 그리스적 사변과 함께 더 높은 수준으로 통일된다. 정신과학의 가장 근원적인 문제인 역사적 관찰 방식의 사변에 대한 관계는 원칙적으로 해결되지는 않지만, 남성적인, 즉 강건하고 실용적인 삶의 의식 속에서 어느 정도 해소될 수 있다.

이러한 관점에서 교육이론 또한 진보할 수 있다. 이 이론은 국가에 관한 저술은 물론 법률에 관한 저술에도 포함되어 있었지만 아직 우리에게 전해지지는 않았다. 우리는 개별적 접근 방식의 조합에 의존하고 있다. 특히 그의 저서 《연설가》는 교육에 대한 시사점을 담고 있다. 이처럼 완전한 로마 교육의 이상이 후마니타스다. 겔리우스는 이것을 다음과 같이 정의 내리고 있다.

"처음 라틴어 단어를 만들고 이 단어를 제대로 사용할 줄 알았던 옛사람들은, 그리스인들이 진심 어린 마음과 모든 인간을 향해 평등하게 열려 있는 호의를 뜻하는 '파이데이아라 부르는 것을 '후마니타스'

라 불렀다. 우리는 현재 이것을 유익하고 선하며 좋은 학문을 획득하기 위해 배우는 과정, 즉 교육 혹은 교양이라 부른다. 이러한 학문을 진심으로 열망하고 추구하는 자들이야말로 가장 인간적인 사람들이다. 왜냐하면 이 학문에 열정을 갖는 것과 배우고자 함은 모든 생물 중 인간에게만 주어진 본성이기 때문이다."

키케로는《연설가(de oratore V, 16, 71)》에서 이렇게 말했다.

"모든 영역을 두루 꿰뚫어 연설할 수 있는 능력과 이상적인 연설을 통해 모든 방면에서 인간성을 고양할 수 있도록 하라."

이 말 속에는 도야와 교육에 대한 로마적 이상과 윤리적 · 세계주의적 요소가 표현되어 있다.

로마 시민의 유용성은 후마니타스로 빛났으며, 새로운 세계시민적 의식은 교육의 목적이 되었다. 이제 로마사, 로마의 고대 유물, 로마어, 로마법은 그리스인들과 그들의 우주관에 영향을 받은 철학과 함께 중요한 교육방법이 되었다. 로마는 교육을 통한 새로운 의식을 필요로 했다. 그 의식은 인간의 정화된 영혼이 우주적인 목적에 대한 보편적 · 물리적 관점과 인식을 담고 있는 것이었고, 역사적 · 정치적으로 성장하면서 주어진 개념을 송두리째 뒤덮는 것이었다. 인류 역사상 세계 지배 의식이 공화국을 사로잡았던 예로서, 카르타고 전쟁에서 승리한 후의 로마 사회만큼 당당하고 자유롭고 제왕적인 힘을 지닌 사회는 존재하지 않았다. 정치가이자 연설가는 제왕과 같은 존재였다. 그 끝을 거의 알 수 없을 정도로 자신의 의지가 관철되는 곳이면 어디에서나 새로운 자세를 필요로 했다. 그와는 반대로 신화적 믿음이 지닌 효력은 상실되었다. 그러한 성격 형성의 기초를 제공한 것은 오직 로마의 국가의식이다. 그것의 강건함을 부드럽게 하고, 그 의식을 심화하고, 특히 근거를 다지면서 공고히 하며 문화의 진보에서 필수적인 것은 바로 세계의 바탕을 이루고 있는 이성과 개별 영혼에 대한 철학적 · 유일신적 신념이다. 이러한 신념은 로마적인 형식, 즉 스토아학파의 성공에 힘입은 형식 안에서 다양한 국가의 인간관계에 적지 않은 영향을 주고 있다. 그들은 동일한 유일신 법칙 아래 살며, 동일한 과제를 갖는다. 이렇게 해서 후마니타스의 개념이 나온다. 이 개념은 그리스 교육의 행복과 로마 행정 및 법질서의 승리를 구가하는 제국 안에 다양한 민족의 통일성을 추구하던 로마인의 사명의식을 통하여 로마의 국가의식과 접목된다.

로마의 공화정 시기 초기에 이미 제국을 만들어야 한다는 과제의 초석이 마련되고 있었다.

3. 로마제국 시기의 교육

고대 교육은 로마제국 시기에 견고한 외적 조직을 갖추게 되었다. 이제 그리스와 로마식의 교육기관이 설립되었다. 개별 학문의 수업 방법은 성숙기를 맞게 되고, 행정의 과제도 분명해졌다. 로마제국의 형성은 공교육 제도를 마련한 카이사르로부터 시작된다.

1) 당시 시대 상황의 평가

로마제국이 이룩한 세계사적 진보는 근본적으로 정치적 · 사회적 면에 있다. 로마제국의 영방(領邦)들은 그때까지만 해도 이탈리아 국가의 신민(臣民)이었지, 동등한 자격을 갖춘 시민이 아니었다. 주신 관계에서 벗어나면서 이탈리아 영방들은 독립적인 부를 누리며 발전했다. 이들은 더 이상 귀족의 착취 대상이 아니었다. 로마의 언어는 제국 전체의 언어가 되었고, 다른 나라들의 언어와 혼합되기 시작했다. 황제의 통치로 인해 영방의 차이는 물론 신분의 차이도 해소되었다. 그동안 로마의 위대한 귀족들만이 참석할 수 있었던 의회는 이제 비생산적인 반대만을 일삼는 놀이터가 되었다. 이러한 상황 속에서 거대한 세계

제국의 국민이라 한들 진보를 생각할 수는 없었다. 왜냐하면 의회는 오랫동안 도시적이고 로마적인 귀족의 요구에 완전히 사로잡혀 있었기 때문이다. 하지만 이러한 요구는 이 거대한 제국의 위대한 문명의 과제와는 해결할 수 없는 모순 관계에 있었던 것이다. 제왕적 정치 방식은 교육제도에도 결정적인 영향을 끼쳤다.

이러한 정치적 · 사회적 기초하에서 제국의 교육제도를 특징짓는 문화가 발전했다. 이 문화는 처음에는 이전 시기에 마련된 기초에서 좀 더 나아간 순차적인 진보에 불과했다. 키케로가 가지고 있었던 문화적 이상은 다방면으로 전개되었다. 하지만 동시에 놀랄 만한 변화가 일어났다. 이러한 변화는 다양하게 평가되었다. 그것을 칭송하는 대다수 사람들조차 알지 못하는 의미가 있는 반면, 그렇게 강조되지는 않았지만 아직까지도 지속되는 몇 가지 다른 의미도 있었다.

로마 문학의 황금기를 이야기할 때 우리는 흔히 아우구스티누스 대제 때의 궁정시인이었던 호라티우스(Horatius), 베르길리우스(Vergilius), 오비디우스(Ovidius)를 떠올린다. 하지만 이러한 로마 시(詩)의 황금기는 문명의 진보에는 별다른 도움이 되지 않았다. 시인들이 정서 생활에 미친 영향을 자세히 살펴보면, 훌륭한 인품을 지녔던 루크레티우스(Lucretius)와 같은 공화정 시대의 시인들이 이러한 궁정예술 시인보다 훨씬 낫다는 것을 알 수 있다. 우리는 자유국가의 상태를 벗어난 자리에 절대주의와 궁중 생활이 들어서는 곳이면 어디서나 실제적 진보를 볼 수 있다. 이러한 현상을 비교해 보자. 마케도니아 왕조의 등장, 루이14세의 프랑스 절대주의 확립, 칼 2세의 영국 절대주의 시도, 피렌체의 메디치가 등 어디서나 동일한 변화를 발견할 수 있다. 정신적 운동은 정치에서 문학으로의 전환을 가져왔으며, 이로 인해 문학적 관심이 전면에 등장했다. 또한 문학 내에서 정지적 영향을 반드시 고려하는 경향성이 나타나게 된다. 궁중의 요구와 군주의 입맛에 맞는 문학이 아주 급속하게 나타나 예술적으로 최고조에 달한다. 이것은 유희시(遊戱詩) 혹은 새로운 군주적 이상을 표현한 시다. 이외에도 궁정의 연애시와 군주의 명예를 기리는 시들이 활기를 띠게 된다. 아우구스티누스 시대와의 차이점은, 이러한 학문과 군주제 정치 간의 관계가 전환되었다는 데 있다. 이와 같은 학문과 군주와 정치 간의 관계에서의 전환이 비교문화사의 가장 흥미로운 부분을 이룬다. 그 전환은 한편으로는 절대국가의 권력 수단의 변화를 통하여, 다른 한편으로는 문화에 새로운 변화를 야기한 학문의 진보를 통하여 이루어진다.

이처럼 그리스의 전제군주의 궁정, 마케도니아 왕조, 메디치가 그 어디에서도 기존 교회, 국가, 왕권 사이의 연관관계는 존재하지 않았다. 따라서 이러한 종교에 적대적인 연구를 막지 않았다. 더욱 특이한 점은 종교 분파에서 자신의 적을 찾았고, 이에 따라 종교를 봉쇄할 수 있는 자연과학을 장려했던 영국의 칼 2세 통치하의 정황이다. 루이 14세는 그와는 다른 입장을 지니고 있었다. 모든 절대주의 국가는 교회를 가장 강력한 통치 수단의 하나로 간주했다. 이에 따라 이들 절대국가는 자유헌법의 범위 내에서, 교회에 해를 끼치는 학문 연구를 저지하려는 시도를 했다.

그렇다면 절대국가에서 저지했던 학문은 어떤 것들인가? 그 반대의 경우에 처한 학문에는 또 어떤 것들이 있는가? 정치학은 언제나 그것에 대한 권력을 쥐고 있었던 절대국가의 손아귀에 들어 있었다. 어떤 경우에는 완전히 저지되기도 했고, 그리스 전제군주의 궁정, 메디치가, 칼 2세의 통치기에는 변질되거나, 절대주의 수호자들에 의해 경시되기도 했다. 절대주의와 역사학의 관계는 시대마다 조금씩 다르게 전개되었다. 절대주의가 역사학을 필요로 하게 된 것은 모든 위대한 군주가 열망하는 개인적 명예 때문이었다. 그들은 궁정에 역사가를 두는 것을 좋아

했다. 그리고 다른 한편으로 그들은 현학적인 역사적·문헌학적 연구에 대한 반감을 가지고 있지 않았다. 철학은 정치학의 운명과 궤를 같이했다. 진정한 철학은 정치학의 모태가 되며 그것에 직접적인 영향을 주기 때문에 모든 군주들로부터 외면당했다. 교회가 권력을 잡았을 때도 철학은 외면을 당했는데, 철학이 실증적인 종교를 부패시킨다는 이유에서였다. 오직 허용되거나 장려된 철학은 순수미학적이며 명상적인 성격을 지녔다. 가령 메디치가에서 장려했던 플라톤주의, 절대주의를 지지했던 그리스 전제군주하의 소피스트의 자연법사상, 로마세국 시기의 에피쿠로스학파, 영국 칼 2세를 지지했던 홉스(Thomas Hobbes)의 철학 등이 그것이다.

이것들이 바로 어느 시대에서나 절대군주에 의해 자연적이고 자유로운 발달을 저지당했던 학문들이다. 반대로 전혀 다른 상황이 전개된 제2의 학문으로 자연과학을 들 수 있다. 자연과학의 운명은 한편으로는 절대군주가 종교에 대해 취한 입장에 달려 있었다. 다른 한편으로는 대개 절대주의 시대의 대중과 궁정의 관심에 달려 있었다. 흔히 교회는 절대군주의 본질적인 권력 수단의 요소가 되었으므로, 자연과학이 널리 촉진되지는 못했다. 하지만 제지를 가하는 경우는, 오직 종교적 사실과 연관된 자연과학의 연구 결과가 정부에 부정적인 영향을 미칠 경우에 한해서였다. 알렉산드로스 왕조와 그 후계자들, 제국의 황제, 이탈리아 군주, 칼 2세, 일시적으로는 교황 스스로도 자연과학을 장려했다. 하지만 대다수의 다른 절대 왕조에서는 이를 저지했다. 정부의 통치 수단과 무관했던 문헌학과 문법 연구에 대해서는 어느 왕조에서도 특별한 관심을 두지 않았다.

이러한 연구를 통해 왜 로마제국의 황제들이 로마 학문의 발달에 대하여 특정한 입장을 취하는지가 드러난다. 그들은 가장 먼저 정치학의 발전을 저지했다. 교육학의 정치적 관점에 대한 간섭으로 인해 플라톤, 아리스토텔레스, 폴리비우스, 키케로의 위대한 역사적 · 정치적 학설이 땅속에 묻히게 되었다. 정치학은 이제 정부의 비밀이 되었고, 더 이상 자유로운 공개 토론의 사안이 아니었다. 군주제는 공개서한을 통해 의회와 법정에서의 빼어난 연설에 관한 정규 보고서를 제공했다.

정치학과 밀접한 관련을 지니고 있는 철학은 군주제의 모든 학식 높은 사람들의 삶의 요구였으므로, 이를 함부로 억제할 순 없었다. 첫 번째 군주제 때 스토아학파의 깃발 아래 모든 반대 세력이 집결했다. 이에 반하여 제국 초기에는 자연의 순리에 따르는 에피쿠로스학파의 이론적 경향이 있었다. 의회반대파의 세력이 약해지고, 군주제가 의심의 여지 없는 제국의 헌법이 되었을 때 이러한 상황은 변했다. 점차 엄청난 고난과 전투 속에서 훌륭하고 지속적인 정부를 조직하기 위해 국가 행정과 군대의 내부에서 모든 윤리적 힘을 집결하려는 과제가 생겼다. 이제 황제와 스토아의 국가철학 간의 밀접한 관계가 생기게 된 것이다. 그리스에서 플라톤 철학이 이루지 못했던 것을 로마 제국에서 스토아학파가 완전히 성취했다. 의회에서 귀족 계급과의 주도권 쟁탈전을 벌이고 있었던 제국의 제1통치기에 역사학은 정당의 반대로 인한 제약을 받았다. 반면에 역사학이 발전한 것은 공화정 말기와 제국 초기에 결정적인 진전을 이룬 역사의 개별성에 대한 심리학적 심화가 이뤄지면서부터다. 이러한 진전은 이탈리아인들의 가장 위대한 철학자인 키케로와 세네카가 이 시기에 보여준 개성에 대한 철학적 존중에 힘입어 이루어졌다. 이러한 진보에 영향을 준 요소로는 정치적 입지 및 역사적 지평의 확장, 로마적 사고와 삶의 특성, 특히 로마 민족 내부에 들어 있는 정치적 숙고의 강점이다. 폴리비우스의 행동하는 인간의 정치적 농인에 대한 깊은 숙고는 이미 널리 퍼져 있었다. 살루스티우스(Sallustius)와 타키투스(Tacitus)는 더욱 위대한 심리학적 심화를 보여주었다. 여기서는 심리학적 관심이 보다 늘어났다. 그 결과 모든 시선이 황제에 쏠려 있다는 사실이 밝혀지면서, 황제의 성품이 제국의 운명을 결정하기 때문에 함께 행동하는 모든 사람들은 물론 모든 관중에 의하여 이를 지속적으로 연구해야 한다는 결론이 도출되었다. 이제 이전에 항상 새롭게 분석되었던 헌법의 특성 대신에 군주의 성품이 정치학의 첫 번째 요인이 되었다. 대신에 정치적 관점의 비중은 낮아지고, 단지 정치학과의 관계에서만 의미를 지니게 되었다. 폴리비우스의 사상에는 정치학과의 관계가 남아 있었다. 하지만 그 이후 역사학이 정치학에서 분리된 후 위대한 마키아벨리(Macchiavelli)가 이러한 연관성을 다시 수립할 때까지 정치학은 제약을 받았다.

다른 한편 앞서 언급한 바와 같이 로마정신에 상응하는 일군의 학문들이 존재했다. 하지만 이들 학문은 위에 언급한 학문과는 달리 황제와 상충되는 부분을 지니고 있지 않았다. 이들은 법률학, 문법학, 수사학이었다.

이런 조건하에서 교육학 이론은 정치적 배경 안에서 파악될 수 없었다. 교육학은 플라톤, 아리스토텔레스, 키케로에서와 같이 더 이상 정치학으로 분류되지 않았다. 더군다나 개인의 개별적 발달에 대한 요구를 충분히 표현해 줄 만한 원리가 결여되어 있었다. 교육은 스스로 자신을 떠받쳐 주는 통일적인 신념과 과거의 연설가, 정치가들이 보여주었던 교육적 이상의 목적을 상실했다.

2) 교육기관의 질료와 방법의 분산

우선 퀸틸리아누스를 통해 알 수 있는 당시 수업의 연관을 기술해 보자. 그는 38년과 42년 사이에 태어났다. 재산관리자였던 그는 나중에 수사학교를 개설했다. 그는 국가의 봉급을 받은 최초의 수사학 교사였다. 20년간 봉직한 후에 그는 교직에서 물러나 《연설가의 훈련(institutio oratoria)》을 집필했다. 이 책은 95년경에 출판되었다. 이 책의 1권은 수사학교 학생들이 받아야 할 교육의 규칙을 자세하게 보여주고 있다. 2권부터는 수사학 수업이론을 다루고 있다.

로마의 청소년 교육은 초등교육, 문법학교, 고등교육으로 나뉜다. 이 중에서 수사학교는 미래의 정치가와 공무원에게 매우 중요한 위치를 차지하고 있었다.

퀸틸리아누스는 초등학교 수업이 그리스어와 라틴어를 포괄해야 하며, 그리스어를 배운 후 라틴어를 배우는 편이 더 낫다고 보았다. 그는 의도적으로 철자의 이해와 글쓰기를 결합했다. 그리고 아동에게는 놀이용 철자를 제공해야 한다고 보았다. 아동에게 먼저 철자들을 맞추게

한 다음, 기억에 남도록 유명한 인물들의 말과 시구를 쓰게 해야 한다.

"읽기와 쓰기를 숙련한 아동은 문법학자의 손에 맡긴다." 문법학교의 규모는 제한되어 있지 않았다. 입학 규정이 따로 있지 않았고, 수요자의 요구에 따라 유동적이었다. 로마의 문법학교 어디에서나 공통적인 사항은 다분히 알렉산드리아학파의 영향을 받았던 백과사전적 도야 개념과 로마인의 실제적 · 정치적 정신 및 행정을 위한 예비교육이 매우 제한되었다는 점이다.

수업의 핵심은 언어 규칙과 활용법, 특히 시인과 같은 문필가의 작품 강독과 번역에 있었다. 바로의 라틴어 저술과 고대 유물에 대한 저술에서 보여주는 바와 같이, 이러한 구분은 문법과 실제 문헌학 간의 분리에 상응하는 것이다. 이러한 두 분야의 수업은 그 범위에 따라 매우 다양했다. 어디서나 그리스 문법과 라틴어 문법은 인간다운 도야를 위한 본질적인 것으로 간주되었다. 언어의 정확성을 높이기 위해서는 먼저 형식론이 필요했다. "무엇보다도 아이들은 명사와 동사의 격변화를 알아야 한다." 품사는 구별되었지만, 문법학자들 사이에는 항상 그것의 숫자에 관한 논쟁이 존재했다. 언어의 규칙은 일부는 용법에 따라, 일부는 유비(類比, Analog)에 따라 설정되었다. 여기에 관해서도 문법학자들의 논쟁은 여전히 지속되었다. 퀸틸리아누스는 언어 수업에서 논리적 도야의 힘에 대한 이해를 설득력 있게 보여주지 못했다. 하지만 그는 문법 수업의 목적을 표현의 완결된 안정성, 간결성, 아름다움에서 찾았다.

문학 강독은 호메로스와 버질의 작품에서 시작되었다. "정신은 먼저 영웅시의 고귀함을 통하여 고양될 것이며, 사고의 위대성에 열광할 것이다." 그리스인과 로마인의 비극과 희극을 읽어야 한다. "모든 성품과 정서를 묘사해 주기 때문에 희극은 말하는 능력의 향상에 도움이 될 것이다." 그는 특히 메난드로스(Menandros)를 추천하고 있다. '섬세함과 아테네적 수사의 우아함'은 물론 '최근 희극보다 더 신중한 경제성'을 이유로 로마의 고전희극을 칭송했다. 마지막으로 시를 읽어야 한다. 시의 애매한 부분은 문법학자에게 걱정을 가져다주었다. 하지만 이미 수사학의 핵심 부분을 이루는 수사의 형식, 위상, 수사의 형식적 내용들이 설명되고 있었다. 그 설명의 범위는 천차만별이었다. 수사학교의 과제는 자주 논쟁거리가 되었다. 문법학교에서는 이미 문법과 강독을 기초로 수사를 위한 사전 연습을 어느 수준까지 해야 하는지에 관해 의견이 분분했다. 이때 《이솝 우화》의 경우에서와 같이 읽은 이야기의 재현이 시작되었다. 가령 강독에 이어 단문 쓰기, 긴 문장을 한 문장으로 줄이기와 같은 작문 연습, 성격을 묘사하는 인성학(人性學) 등을 학습했다. 그런 다음 논증과 묘사가 뒤따랐다. 역사적 설명은 어디서나 이들 모든 과정과 밀접한 연관이 있었다.

'그리스인들이 엔키클리오스 파이데이아라고 부른 수업의 권역과 연결되기 위하여', 이 수업과 함께 여타 학문 분야에서의 수업이 동시에 진행되어야 한다. 어느 정도의 범위에서 기하학, 천문학, 대수학, 음악, 철학이 인간의 교육에 부가되어야 하는지에 관한 논쟁은 현재에도 김나지움과 실과학교 사이에서 진행되고 있는 논쟁과 동일하다고 말할 수 있다. 이러한 논쟁은 수사학교와 플라톤의 철학학교 간의 논쟁에서 비롯된다. 이 논쟁은 아마도 퀸틸리아누스 시기에도 있었던 것으로 보인다. 퀸틸리아누스는 이러한 수업 내용이 미래의 재물관리자나 공무원의 과업에서도 유용하다는 것을 입증해야 한다고 주장했다. "주어진 선분에서 동일한 세 선분을 지닌 삼각형을 만드는 방법을 아는 것이 과정을 지도하는 데 어떤 도움이 될 것인가?"라고 사람들은 물었다. 물론 당시 자연 인식과 교양인의 영역에 포함시킬 수도 있는 실제적인 문제의 해결 사이에는 어떤 직접적인 연관도 없었다. 지금까지도 사변적 영역과 노예경제의 비극적 유산인 수준 낮은 수공적(手工的) 실천 사이에는 그 불행한 구별이 지속되고 있다. 이리하여 실과수업은 주로 그것이 보장하는 형식적인 수업을 고수하게 된 것이다.

수학수업은 '오성의 날카로움에 긍정적인 영향'을 주기 때문에 특히 강조되었다. 그러므로 많은 이론가들은 수학과 변증법을 결합했다. 당시 이미 '수학적으로 입증되었다'라고 말하는 것이 가장 탁월한 증명을 나타내는 방법이었고, 실제적 삶과 역사 그리고 특히 수사학자의 모든 증명 방식이 수학적 명증성을 추구했다. 두 번째로 기하학과 천문학이 지주, 재물관리자, 공무원, 수사학자에게 줄 수 있는 실제적 유용성에 대해 생각했다.

엄밀한 그리스 학문과 연관해서 볼 때 천문학은 중요한 위치를 차지하고 있었으며 형이상학의 필수적인 전제가 되었다. 퀸틸리아누스는 천문학에 관해서 일체 언급하지 않았다. 주목할 만한 진보는 애국심을 일깨우기 위해 철저하게 역사교육을 했다는 점이다. 페트론(Petron)은 이 기관의 약점을 다음과 같이 강조하고 있다. "부모의 명예욕이 아이들을 이 학교에서 수사학교로 내몰고 있다." 문법학교의 다양한 수업 내용에서 맺어진 결실 또한 다양한데, 이에 관해 논쟁을 벌이고 있는 교육학 이론도 있다.

언제나 하나의 수업만을 다루어야 한다고 보는 이론가도 있었지만, 퀸틸리아누스는 다양한 수업 내용을 동시에 다루어야 한다는 지배적인 체계를 옹호했다.

로마의 청소년들은 문법학교를 마친 후 상급학교에 진학했다. 퀸틸리아누스는 이 중에서 수사학교에 대해서만 언급하고 있다. 실제로 수사학교는 대다수가 다니는 상급학교 기관이었고, 나름의 방식대로 졸업장을 수여했다. 그 밖에 다른 교육기관들도 존재했다. 로마제국에서 수사학교가 어떻게 운영되었는지를 상상하는 일은 어렵지 않다. 왜냐하면 퀸틸리아누스가 자신의 두 번째 책에서 열 번째 책까지 이 학교의 과제에 대해 잘 서술하고 있기 때문이다. 수사학교의 입학 시기는, 문법학교의 과제 수행이 연장되는 시점과 수사학교에서의 과업 시작 시기와 관련된다. 문법 연습 시간에 이미 광범위하게 수학 기술에 대해 안내해 주는 문법교사도 있었고, 설득적 · 법률적인 수사에 대한 안내 이상을 제공하는 것을 탁월하게 간주하는 수사학교사도 있었다. 퀸틸리아누스는 이에 동의하지 않았다. 그는 광범위한 사전 연습이 수사학교에 주어져야 한다는 입장을 취하고 있다. 로마에서조차도 사람들은 우선 아동을 덜 유명한 교사에게 보낸 다음에 유명한 사람에게 보냈다. 하지만 퀸틸리아누스는 사전 연습 단계에서부터 달변의 교사로부터 철저한 준비를 하는 것이 중요하다고 보았다.

수사학교는 사전 연습 과정과 설득적 수사와 법률적 수사 입문 과정으로 나뉜다. 사전 연습 과정은 문법학교 학생들을 받아들이는 과정이다. 여기서는 설명과 발표에 대한 연습이 강조된다. 왜냐하면 이러한 방식이 시의 강독과 직결되기 때문이다. 설명에 이어 사람에 대한 칭송이나 비판 혹은 가치 비교의 연습이 뒤따를 수 있다. 일반적 질문에 대한 답변이 과제로 주어질 수 있다. 오식 연습에 중점을 두는 하급 단계 과정과 함께 연설가와 역사서술가의 작품 강독 과정이 병행되었다. 퀸틸리아누스는 이 과정을 로마의 수사학교에 최초로 도입하는 데 특별한 공적을 남겼다. 그리스 수사학교에도 이 과정이 있었지만, 대개 하급학교 교사들이 담당했다. 로마의 수사학교에서는 이러한 과정을 법정의 변론이나 설득 면에서 특히 탁월한 것으로 간주했다. 여러 문필가 중에서도 퀸틸리아누스는 당시 유행을 따르는 대신 고전을 선호했다. 이미 그에게 키케로는 고전이나 다름없었고, 그래서인지 그는 키케로를 모든 고전 정신의 척도로 삼았다. 어떤 작가는 키케로에 근접해 있다는 것만으로도 명성을 얻었다.

고급 단계 과정은 설득적 수사와 변론적 수사 중심으로 이루어져 있었다. 이러한 종류의 수사는 미래의 재물 관리자, 공무원, 정치가가 되기 위한 본래적인 목적을 이루고 있었다. 학생은 먼저 지정된 기초 학습을 익혀야 한다. 이러한 기초들은 나중에 더 큰 과제의 구성요소가 된다. 모든 부분의 연습이 끝나면 설득적 · 법률적 수사의 내용을 적극적으로 다룰 시점에 이른다. 이러한 고급 단계 과정은 유창한 말솜씨에 관한 이론과 새로운 과제의 연습 과정으로 구성되어 있다. 이러한 이론은 키케로, 아리스토텔레스, '알렉산드로스 수사학'과 함께 모든 수사학적 업무의 기초를 이룬다. 이것들은 물론 수업의 한 부분이었다.

이러한 수사학교들은 겉으로는 화려하게 성장했으나, 내용 면에서는 그렇지 못했다. 왜냐하면 유창한 말솜씨를 기르는 이곳은 더 이상 공적 삶의 전시장이 되지 못했고, 학교에서의 연습 자체도 위대하고 자유로운 역사적 대상에서 벗어났기 때문이다. 중요한 도시마다 한두 명 혹은 서너 명의 충실한 수사학자들을 보유하고자 노력을 경주했다. 그리스에서 소피스트는 종종 도시의 가장 중요한 인물이었다. 처음에 수사학교는 개인교습 기관이었으나, 점차 도시의 주관하에 설치되었고, 마침내 국가가 관장하게 되었다.

하지만 수사학 과정은 청년들의 정신을 공허한 술수에서 벗어나 법과 국가의 실제적 인식에 머물도록 하기 위하여 보완이 필요했다. 이러한 보완은 우선적으로 교육기관의 영역에서 로마의 고유한 정신을 창건하는 데서 찾을 수 있었다. 법률학교가 바로 그것이었다. 고대의 탁월한 법률가는 자신의 업무 수행에서 많은 청중들의 환호를 받았다. 그는 말하자면 공적 교사와 같은 역할을 수행했다. 황제통치기에는 특정 유형의 교사들이 존재했다. 로마제국 내에는 세 개의 법률학교가 있었다. 즉 라틴어로 법률을 가르쳤던 로마와 그리스어로 법률을 가르쳤던 콘스탄티노플과 베리투스[20]의 법률학교가 그것이다. 유스티아누스 대제의 칙령에 따라 오직 위에서 언급한 세 곳에서만 법률을 가르칠 수 있었다. 여기에서 알 수 있는 것은, 미래 법학자를 준비하는 대부분의 차선책으로 법학을 실제적으로 연습하는 방법 외엔 별다른 방법이 없었다는 사실이다. 3세기 중엽 로마는 법률수업이 가능한 유일한 장소였다. 법률 과정은 5년간 지속되었고, 유스티아누스 대제의

20) 베리투스(Berytus) : 지금의 베이루트(Beirut).

법전 편찬 이래 법률기관과 법률전서가 그 기초를 이루었다.

이러한 법률학교 외에도 그리스 학문의 전성기부터 지속되어 왔던 철학학교와 특히 뛰어난 그리스적 수사학교가 존재했다.

이미 공화정 말기에 로마 내 그리스 교사들에 의해 운영되던 과정들은 좀 더 정교한 교육에 대한 열망을 충족시키지 못했다. 사람들은 그리스 철학은 아테네에서, 그리스 수사학은 로도스(Rhodos)에서 들어야 했다. 엄밀한 학문의 수준을 직접 체험하고자 했던 소수의 사람들은 알렉산드리아를 방문하기도 했다. 로마제국 시기에 이러한 기관들은 국가와 관계를 맺으면서 지속적으로 성장했다.

3) 교육기관의 조직 : 공립학교의 건립

그와 같은 방식으로 교육기관이 특수화되었고, 동시에 다양한 형태로 굳건하게 뿌리를 내렸다. 제국의 행정이 부분적으로 공립학교 제도로 전환됨에 따라 교육기관은 더욱 촉진되었다.

기초수업은 사적인 영역으로 남아 있었다. 하지만 그러한 수업은 보편적으로 진행되고 있어서, 대다수의 부모들은 자녀들을 교육기관에 보내지 않을 수 없었다. 그러는 사이 로마와 콘스탄티노플의 성장하는 피지배층에서 그와 같은 교육 없이 자녀를 키울 수 없다는 위기감이 싹트기 시작했다. 네르바(Nerva)를 계승한 위대한 황제들은 국가의 재정으로 기초학교의 조직을 정비하려고 했다. 이것은 현재의 관점에서 보면 일종의 고아원에 해당하는 것 같다. 네르바는 우선 가난한 부모의 아이들을 국가의 지원하에 이탈리아의 도시에서 양육하도록 했다. 이탈리아의 자치도시에서 발견된 조각물에 의하면 트라야누스(Trajanus) 황제 시대에는 가난한 아이들의 교육과 양육에 심혈을 기울였던 것으로 보인다. 소녀의 교육을 위한 열악한 자선 시설들이 황실 부인의 도움을 받게 되었다. 하지만 어디서나 교육보다는 오히려 탁아와 양육이 더 중요시되었다. 당시만 하더라도 국가적인 기초교육의 일반 조직이 갖추어지지 않았다는 점을 상기해 볼 필요가 있다. 야만의 시대에 국가는 피지배층(Proletariat)을 시민과 군인으로 교육했다.

플루타르코스는 《교육에 관하여》에서 가난한 사람들의 교육을 국가의 의무로 인정하려는 경향이 당시에 거의 없었다는 점을 보여주고 있다. "사람들은 국가를 비난할 수 있다. 그의 방침이 가난하고 불쌍한 아이들의 교육을 완전히 도외시하고 있다고." 그는 다음과 같이 답한다.

"가난한 사람들은 행운을 탓할 뿐 나를 탓하지는 않는다. 가난한 사람들이 자녀들에게 좋은 교육을 시킬 수단이 결여되어 있다면, 그들은 현재 가능한 것에 만족하면 될 것이다."

카이사르 황제는 교사들에게 로마의 시민권을 부여함으로써 이전과는 전혀 다른 지위를 부여했다. 아우구스투스 황제는 손자의 교육자였던 문법학자 플라수스(Flassus)에게 연봉을 수여했다. 고관의 영지에서 그는 자신의 학교를 개설했다. 베스파시아누스(Vespasianus)는 수사학 교수로 채용된 최초의 인물이며, 국고로부터 임금을 지급받았다. 여러 시에서는 자체적으로 문법학교와 수사학교의 비용을 충당하기 시작했다. 그리고 제국의 정부는 모든 도시에서 이와 같은 일이 진행되고, 교사들이 충분한 임금을 지급받을 수 있도록 영향력을 행사했다.

하드리아누스(Hadrianus) 황제는 아테네의 유명한 학교기관과 로마의 카피톨(Kapitol) 언덕 위에 자리를 잡았던 자유예술 교육기관으로서 아테노임(Athenäum)을 지원했던 반면, 안토니우스 황제는 공교육을 한 단계 더 발전시켰다. 그는 공립학교 교사가 되고자 하는 사람들을 위한 규정, 가령 국가시험제도를 만들어 시행했고, 모든 지역에 안정된 봉급을 받는 수사학자와 철학자를 배치했다.

극적인 반전은 코모두스(Commodus)와 엘라가발루스(Elagabalus) 통치하에 일어났다. 엘라가발루스는 이전의 연극배우를 로마제국 교육기관의 장으로 임명했다.

콘스탄티누스 황제 치하에서 교육기관은 도시의 소관으로 넘어갔다. 국가는 공립 교사와 의사를 전쟁의 복무와 힘든 공무로부터 해방시켰다. 이와 달리 율리아누스(Julianus) 황제는 교육기관을 다시금 국가의 감독하에 두었다. 최상급 관청은 시험 결과에 따라 교사들에게 거주지와 근무지를 배정해 주었다. 하지만 훌륭한 황제 율리아누스에 의하여 완성된 이 기관은 제국 전체의 정신에 살 부합했고, 아마도 제국에서 가장 축복받은 기관이었을지 모른다. 하지만 테오도시우스(Theodosius)와 아르카디우스(Arcadius) 통치기에 다시 흔들리게 되었다.

황제를 통한 교육기관에서의 가장 결정적인 진보는 전 문화를 관통하는 제국의 통일적 교육기관을 설치한 것이다. 이러한 변화는 제국의 가장 중요한 정치적 변화의 자연적 표현이며, 필연적으로 문화와 교육기관에 축복과도 같은 영향을 끼쳤다.

4) 대학의 형성

그리스 사람들은 이미 아테네, 알렉산드리아 및 그 밖

의 도시에서 최상의 학문적 수업을 했던 교육기관을 가지고 있었다. 하드리아누스(Hadrianus) 황제 이후 제국정부의 관심이 이 기관에 쏠리게 된다. 하드리아누스는 로마에 아테노임을 세웠다. 아우렐리우스(Aurelius)가 아테네를 방문했을 때, 각 학문 분야마다 특정한 급여를 받는 교사를 그곳에 배치했다. 네 개의 철학의 주요 분야에 2명씩 총 8명의 철학교수와 다수의 수사학 교수를 임명했다. 이 밖에 교육의 중심지는 5세기에 건립된 콘스탄티노플의 학교였다. 제국의 양대 수도였던 로마와 콘스탄티노플의 이러한 고등교육 기관 외에도 지방의 중심도시마다 대학이 자리를 잡았다.

로마, 아테네, 콘스탄티노플에 자리를 잡은 고등교육 기관을 우리는 대학이라고 불렀다. 규모 면에서 이러한 기관은 오늘날 대학의 규모에 상응했다. 우리는 대학 안에서의 기본 관계를 여기서 발견한다. 즉 대학에서는 한 전공을 대표하며 임금을 받는 일련의 교수들과 그들의 청강생이 매우 자유로운 관계에 놓여 있다. 우리는 그리스 아테네의 대학교 학생들이 일부 교사들에게만 몰려들었다는 것을 알고 있다. 학생들 사이에는 조합이 존재했다. 학생들은 이를 통해 특정한 교사에 대한 지지를 표시했다. 리바니우스(Libanius)도 아테네 항구에 도착하자마자 그러한 조합에 가입하게 되었다. 그는 원했던 교사의 강의를 들을 수 없게 되었다. 어느 날 그 교사가 도착하자 그는 조합의 구성원들로부터 강제로 다른 교사에게 끌려가게 된다. 학생들은 완전한 자유를 누렸고, 한데 뭉쳐 조합을 구성했다. 아테네에서 그러한 조합의 수장들은 경쟁관계에 있는 다른 조합원의 애송이들을 낚아채기도 했다. 이러한 조합들은 고유한 회의 장소와 축제를 가지고 있었다. 국가가 교사에게 봉급을 지불하면서부터 그러한 대학의 가난한 학생들은 학업에 전념할 수 있었다. 아테네의 가난한 두 학생을 통해서 알 수 있는 것은, 입고 다닐 옷이 단 한 벌밖에 없어서 한 사람이 외출하면 다른 한 사람이 집에 있어야 했다는 사실이다. 로마에서는 엄격한 규정이 널리 퍼져 있었다. 지방에서 로마로 공부하려고 온 사람은 누구나 지방 당국으로부터 고향과 부모에 관한 증명서를 지참하고, 그가 앞으로 어떤 학문을 할 것인지에 대해 설명해야 했다. 그는 검열관의 감독을 받았고, 야간의 주연도 심지어는 감시의 대상이 되었다. 만년 학생은 엄격한 제한을 받았는데, 가령 20세가 넘어서 대학에 남아 있을 수가 없었다. 일종의 성적증명서도 있었다. 매년 로마의 황제로부터 윤리 규정이 시달되었다. 370년 로마의 황제 발렌티아누스(Valentianus), 발렌스(Valens)와 그라티아누스가 로마의 고등교육에 내린 법령은 오늘날의 대학 법령과 많은 유사점을 지니고 있다.

그러한 기관을 잘 살펴보면 오늘날 대학의 성격을 부여한 문과대학(universitas litterarum)의 개념은 아직 나타나고 있지 않음을 알 수 있다. 한편, 이러한 기관은 문법교육과 수사교육을 포함하고 있다는 점에서 우리의 대학보다는 중세의 대학과 비교하는 것이 더 타당하다. 로마와 콘스탄티노플 대학의 경우 대다수의 교사가 문법교사였다. 이 중 70명 이상이 그리스어 문법교사였고, 10명가량이 라틴어 문법교사였다. 그리스어 수사학교사가 5명 그리고 라틴어 수사학교사가 3명 있었다. 다른 한편, 여기서 가르친 학문의 범위는 당시 지식의 범위를 완전히 아우르지는 못했다. 로마와 콘스탄티노플에는 문법과 수사학 교사 외에도 철학, 법률, 의학 교사가 고용되어 있었다. 다른 모든 학문들은 전면에 나설 수 없었다. 법정학부는 2명, 철학부는 1명의 교수를 두고 있었지만, 의학교수의 수는 정확히 확인할 수 없다.

사교육에 대한 관심, 국가 보조, 지방자치단체의 활동이 한데 어우러져 국가의 감독을 더 이상 받지 않는 교육기관 체계가 성립되었다. 왜냐하면 이러한 기관이 지역의 수비대나 법정 못지않게 지방의 로마화를 위해서는 중요한 역할을 수행했기 때문이다. 이들 기관은 그리스와 로마에서 평등교육의 기반을 마련했다. 로마제국은 군대를 통해서보다는 교육을 통해서 국가를 더 잘 규합할 수 있었다. 이들 기관에서 공무원을 배출했다. 301년 디오클레티아누스(Diocletianus) 황제는 수업료 인상에 반한 칙령을 공포했다. 그와 함께 예비교사의 자격을 검증하려는 욕구가 널리 퍼지게 되었다. 이에 관한 가장 오래된 법령은 황제 율리아누스의 칙령이다. "교수와 교사는 최우선적으로 자신의 경력, 그다음으로는 언변에서 특출해야 한다. 내가 언제나 개인적으로 교사의 선발에 동석할 수 없으므로 다음과 같은 규정을 선포하고자 한다. 교사 자격을 취득하고자 하는 자는 주무관청에서 적합하다고 판정하고 전공의 구성원들이 만장일치로 동의했을 때 비로소 허가를 받을 수 있다."

이제 문법학교 및 수사학학교와 같은 유명한 학교가 어떻게 지방에서도 자신의 위상을 드러내고, 로마제국 전역에서 명성을 얻었는가 하는 문제가 매우 중요한 의미를 지니게 되었다. 이들이야말로 오랜 기간 동안 갑자기 들이닥친 야만에 저항했던 기관들이다. 여기서 많은 탁월한 교부(敎父, Kirchenväter)들이 교육을 했다. 이들은 이 분야를 대표하는 학문적 도야를 막 형성되기 시작하던 교리

론(Dogmatik) 문제와 접목함으로써 신학자가 되었다. 그리고 이들의 수업 과정은 수도원과 사원학교의 모범이 되었고, 결국 나중에 그 자리를 대신하게 되었다. 이렇게 해서 밀라노에는 북이탈리아에서 가장 중요한 문법학교와 수사학학교가 생기게 되었다. 북이탈리아의 도시들은 기존 문화와 동고트족 및 롬바르드족의 교육열을 혼합하는 데 중요한 역할을 했다. 로마의 시인 유베날리스는 트라야누스 황제와 하드리아누스 황제의 통치기에 수사적 언변술이 이탈리아에서 갈리아 지방으로, 다시 여기서 영국을 포함한 북부 지역으로 널리 퍼져나갔다는 점을 특히 강조하고 있다. 보르도, 리옹, 브장송의 학교들도 뛰어났지만, 갈리아 지방의 학교들 가운데 가장 훌륭한 학교는 바로 마르세유의 학교였다. '세 개의 언어를 사용하는' 마르세유는 갈리아, 그리스, 로마의 삶의 요소들을 혁신했고, 이미 키케로에서부터 시작하여 다른 모든 지역들에 관한 학문적 열정을 종합했다. 스페인의 학교들은 1세기경 '철학의 아버지'인 세네카와 퀸틸리아누스를 길러낸 것으로 명성이 자자했다. 아프리카 지역은 2세기에 문학의 중심지가 되었다.

4. 로마제국 시기의 교육이론가

로마제국 시기의 교육이론가는 정치적으로 어려운 시기에 의미 있는 변화를 표출해 냈다. 교육이론은 한편으로는 스스로가 한 부분으로 작용하는 정치와 철학의 상황에 의존하지만, 다른 한편으로는 교육이론의 근거가 되며 다시 영향을 받은 교육기관의 상태에 달려 있다. 정치학은 제국 내에서 엄격히 금지되었고, 이에 따라 플라톤, 아리스토텔레스, 키케로 등이 교육에서 다루었던 위대한 정치적 관점이 사라지게 되었다. 이리하여 교육학은 자신의 목전에 놓인 과제, 즉 공립학교 제도 수립을 위한 행정의 방향을 정당화하고, 강화하여 일반화하는 과제를 풀지 못했다. 새로운 로마제국의 이념은 모든 지역에서의 동일한 수업과 행정적 규정에 따른 일원화된 교육기관을 요청했다. 국가의 행정은 이 방향에서 영향을 미쳤다. 하지만 교육에 관해서 저술을 남긴 어느 누구도 이러한 문제를 정치적 관점에서 다루지 않았다. 그러한 이론은 플라톤과 아리스토텔레스가 당대에 끼쳤던 영향과는 달리 대제국 황제의 교육 정책에 전혀 다른 영향을 주었을지도 모른다.

로마제국의 국가통치기에 이들이 역사 및 정치학에 취

했던 입장은 극도로 악화되었다. 교육학적 문제를 그러한 방식으로 다루던 자리에 교육 문제에 열성적인 관심을 보였던 교육기술자가 들어섰다. 그러한 기술자에는 세네카와 퀸틸리아누스, 다른 유형의 인물이긴 하지만 갈레노스(Galenos)가 있었다. 대중 가운데서 그러한 기술자가 된 사람은 플리니우스(Plinius), 타키투스, 그리고 《교육에 관하여》를 쓴 플루타르코스가 있었다. 그들이 설명하는 문제는 교육의 목적보다는 오히려 개별적인 교육 내용이 나중의 삶에 어떤 의미를 갖느냐 하는 경제적 목적에 일치했다. 이러한 교육이론가의 연구 대상은 수업 제도가 아니라, 교육자를 위한 교육적 규정이었다.

이러한 교육학 대상의 전환은 이 시기부터 정체되어, 오늘날까지도 극복되지 못하고 있다고 말할 수 있다. 오늘날 교육학의 과제는 플라톤과 아리스토텔레스의 위대한 정치적 관점을 기저로 발전된 학문의 도움을 받아 교육기관의 이론을 기획하는 것이다.

이러한 정치 및 철학의 퇴보는 나중에 더욱 심오한 수업 방법의 수립에 운명적으로 영향을 미치게 된다. 그러므로 이론가 자신은 문제를 설정하지만 해결하지는 않는 제한된 과제를 지니게 된다. 세네카는 오직 하나의 관점, 즉 열정과 의지의 이론에서만 심오한 철학적 인식을 하고 있다. 교육에서 개별성의 중시와 같은 생각은 이미 키케로에서 엿볼 수 있다.

그리스도와 동시대 인물인 세네카는 네로 황제의 스승이었으나, 네로에 대한 피소(Piso)의 역모죄에 가담했다는 이유로 사형선고를 받았다. 그는 65년 네로에게 역모를 의심받자 스스로 목숨을 끊었다. 그는 교육의 문제를 즐겨 다루었다. 그의 교육학의 기초는 당시 유행하던 스토아 철학의 영향을 받고 있다. 그는 담대하게 스토아주의를 역설했으나, 체계적으로 연관된 의미를 보여주지는 못했다. 그는 인간이 살고 있는 두 개의 왕국에 관해서 서술했다. 하나는 위대한 세계 혹은 자연이고, 다른 하나는 그가 태어난 작은 세계다. 그는 또 자기 자신의 노예가 되지 않는 데서 가치를 찾을 수 있는 전일적 자유와 인간의 내부에 자리하고 있는 신에 관한 저술을 남겼다.

키케로는 개별성을 지니고 있었으며, 교육에서 개별성을 존중하고 고려할 것을 역설했다. 세네카는 교육자가 최우선적으로 개별성을 발견하고 연구하는 데서 출발해야 한다고 보고 있다. 개별성은 어디서나 고려되어야 한다. 그것이 얼마나 흩어지기 쉬우며 서로 잘 결합되는지, 또한 얼마나 복잡한 것인지 세네카는 이미 매우 심오한 심리학적 통찰을 통해 분석했다.

하지만 그 목적은 학교에 있는 것이 아니라 삶에 있었다. 이것이 그의 두 번째 생각이었다. 이에 따라 그는 수업의 집중에 관해서 연구했다. 철학만이 오직 삶을 영위하는 데 있어서 필연적으로 굳건한 확실성을 형성하도록 할 수 있다. 백과사전식 도야는 일정한 성공만을 보장해 줄 뿐이다. 문필가의 작품이라고 해서 다시 읽히는 경우는 거의 드물다.

그의 세 번째 기본명제는 교육이 유덕한 삶을 위한 개별성의 교육에 매우 지대한 영향을 미친다는 것이다. 삶은 언제나 교육을 필요로 한다. 인간은 천성적으로 매우 복잡한 성향을 지니고 있다. 여기서 로마제국 시기의 수동적 태도가 드러난다. 줄기찬 노력이 경주되지 않았고, 인간의 삶 이외에 더 이상 어느 누구도 예술을 취급하지 않았다. 그러므로 교육은 위대하면서도 어려운 예술이다.

타키투스의 유명한 글 〈아그리콜라 전기〉는 스토아적 교육이념과 긴밀한 관련을 맺고 있다. 여기서 그는 이 시대의 고귀한 로마인의 이상적인 교육을 묘사하고 있다.

이 시기의 두 번째 교육이론가인 퀸틸리아누스 또한 교육 기술에서 출발하고 있다. 하지만 그의 출발점은 왕자 교육이 아니라 수사학교 교육이다. 세네카와 같이 그는 스페인에서 태어났고, 42년 로마에서 수사학 교육을 받았다. 처음에는 법률 실무를 익혔으나 나중에 직접 수사학교를 세웠다. 그는 국가로부터 보수를 받는 최초의 수사학 교사가 되었다. 후에 교직에서 은퇴하여 유명한 《연설가의 훈련》을 저술했다. 이 저술은 근대 민족의 고대 교육적 전통을 위한 가장 중요한 작품의 하나가 되었다. 이 책은 문법과 수사학 교육으로 양분되어 있다. 그의 이상은 자유로운 대중 연설을 하고 모든 국가와 사적 업무를 총괄할 수 있는 연설가의 양성에 있다. 그의 교육적 제안은 고귀하며, 이러한 형식적 목적의 규정을 받고 있다.

특히 그가 개별적 수업에 대한 공립학교의 장점을 역설하고 있는 부분은 매우 중요하다. 그 문제를 다루던 플라톤과 아리스토텔레스의 방식은 더 이상 존재하지 않는다. 그는 간단한 질문을 던지고 있다. 공교육과 사교육 중 어느 것이 아동에게 좋은가? 공교육을 옹호하기 위하여 그는 고대의 법률가와 철학자의 명제를 끌어들인다. 그는 미래의 연설가는 타인에 대한 두려움에서 벗어나야 하며, 공통 감각을 자기 안에 개발해야 하고, 학생은 동기부여가 되어 있어야 하며, 교사의 언변 자체가 청강생의 수를 늘릴 수 있다는 점을 강조했다.

그 뒤를 이어 훌륭한 문필가들이 많은 대중 앞에서 교육 문제에 대한 자신의 의견을 표방했다. 젊은 플리니우스(Plinius, 62년경)가 교육의 문제에 관심을 표방했다. 그의 편지 모음집 《서한집》(11권)은 다방면에서 교육과 관련성을 맺고 있다. 타키투스(Tacitus, 54년경)는 자신의 대화록 《연설론에 관한 대화(de oratore)》에서 위대한 고전기와 현재의 연설가 양성 교육을 서로 비교하고, 《게르마니아(Germania)》에서 게르만족의 교육과 로마인의 교육을 대비하여 서술하고 있다.

수에토니우스(Suetonius, 75년경)는 《문법적 기술(illustribus grammaticis)》에서 문법교사와 문법수업에 관한 귀중한 사항을 보고하고 있다. 플루타르코스는 아동교육에 관해 저술했다. 이 책은 자식을 교육하는 아버지에게 교훈을 주지만, 수업의 기법에 관한 것은 아니다. 이 책은 교육의 목적을 철학자와 정치가의 결합에서 찾고 있다. 왜냐하면 그에게는 백과사전적 학문이 아니라 성격도야, 도덕적 순수성, 철학적 신념이 훨씬 더 중요했기 때문이다.

2세기경 인물인 루치안(Lucian von Samosata)은 태생과 성향 면에서 그리스인이었다. 그는 수사학 교사였고,

고대 민족의 몰락기에 교육 문제의 중요성을 다루었다. 하지만 그는 다분히 과거지향적인 성향을 지녔다. 고대 아테네 교육이 그의 교육적 이상이었던 것이다. 그의 《아나카르시스(Anacharsis)》에서는 가장 훌륭한 헌법을 배우고자 하는 이방인이 나온다. 이때 솔론은 교육을 가장 결정적인 것으로 전면에 내세운다. 그는 여기서 고대 김나지움 교육의 형상(形象)을 발전시키고 있다. 이 저술 이외에도 《수사학교(Rednerschule)》라는 저술이 있다. 여기서 그는 데모스테네스와 플라톤이 걸었던 고대의 험난한 수사학 과정을 살펴보면서 고상하게 언변을 습득해 나가는 새로운 과정과 대비시키고 있다.

교육에 관한 이들 저술보다 훨씬 더 중요한 것은 읽기 자료의 요약본들이었다. 이것들은 교사들이 활용할 수 있는 자료 모음집과 수업 자료의 기능을 했다. 로마의 정신은 이른 시기에 간략히 지식을 습득하려는 욕구를 지니고 있었다. 그리고 백과사전식 수업은 이러한 방향으로 교육을 촉진했다. 테렌티우스 바로(Terentius Varro)의 9개의 자유교과(libri disciplinarum)는 후대의 모든 백과사전의 보고가 되었다. 그는 7개의 학문에 의학과 건축학을 추가하여 9개 자유교과를 만들고 이를 교양인에게 필수적인 기초지식으로 삼았다.

기독교적 백과사전은 최우선적으로 아우구스티누스의 기획을 들 수 있다. 그는 단지 문법, 음악, 변증법과 수사학 일부를 완성했을 뿐이다. 일찍이 7개의 자유교과의 기반을 세운 사람은 카펠라다. 카펠라는 410년에서 427년까지 중세의 교재가 되었던 백과사전을 저술했다. 보이티우스(Boethius, 525년 처형당함)는 이 같은 방식으로 백과사전을 저술하지는 않았지만, 변증법, 수사학, 수학에 관한 교재를 저술하여 후대에 커다란 영향을 끼쳤다.

해설

이 책은 딜타이 《전집(Gesammelte Schriften)》 중에서 교육학의 역사에 관한 내용의 일부를 옮긴 것이다. 딜타이는 우리에게 철학자 · 역사학자로 알려져 있다. 하지만 교육학자로서의 딜타이는 별다른 주목을 받지 못했다. 역설적으로 딜타이의 제자들로 인해 교육학자로서의 딜타이가 재조명되는 형국이다. 그의 제자인 놀(Nohl), 미쉬(Misch), 볼노(Bollnow) 등에 의하여 딜타이의 교육학적 사유가 그의 전집 속에 포함된 것은 결코 우연이 아니다.

교육학자로서 딜타이의 공헌은 무엇보다도 교육 현상에 대한 역사적 관점을 정립하고, 삶의 철학에 근거하여 인간 · 사회 · 역사의 종합 학문으로서 정신과학적 교육학을 정초한 데서 찾을 수 있다. 삶을 그 자체로부터 '이해'하려는 정신과학의 토대 위에 설정된 딜타이 교육학은 민족성 · 역사성 · 사회성 · 문화성 · 체계성과 같은 특성을 지닌다. 정신과학이 해석학을 필요로 하고 그 방법이 전체와 부분의 연관을 중시하는 것처럼, 이 책의 전체 내용을 파악하기 위해서는 적어도 그 의미 연관을 드러내줄 수 있는 이들 기본 개념에 대한 이해가 선행되어야 할 것이다. 즉 딜타이 교육학을 지은이의 의도 및 전체적 저술과의 연관 속에서 그려본 후, 교육사의 한 단면으로서 고대 그리스와 로마의 교육을 읽어 내려갈 필요가 있다는 것이다. 이러한 전제하에 다음에서는 딜타이 교육학의 특성을 몇 가지 핵심어로 간략하게 서술하고자 한다.

국가-민족적 교육학

딜타이는 교육적 논의에서 항상 국가와 민족을 상정하고 있다. 그의 저작 곳곳에서 국가정신, 독일정신, 민족정신, 민족적 에토스(Ethos) 등의 용어가 발견되는데, 그는 그러한 정신을 길러주는 일을 공적인 교육기관에서 수행해야 한다고 역설하고 있다. 물론 교육의 역사에서 국가와 교육의 관계를 최초로 강조했던 인물은 고대 그리스의 플라톤이다. 정의국가를 실현하기 위한 최상의 수단으로 그는 사회를 구성하는 다양한 계층의 능력에 맞는 교육을 주장했다. 양자의 관계에 대한 입장에서 딜타이는 다분히 엘리트주의적인 플라톤의 생각보다는 자신의 정신적 스승인 슐라이어마허의 생각을 따르고 있다. 슐라이어마허는 교육의 궁극적인 목적을 개성의 신장과 유용성의 실현에서 찾고 있다. 이는 교육의 방향이 두 차원, 즉 개인적 차원과 국가적 차원을 지니고 있다는 것을 분명하게 보여준다. 이때 개별화(Individuation)와 개별성(Individualität)은 개인적 차원에서 인간이 추구하는 교육의 궁극적 목적이 된다. 교육은 이처럼 그 어느 것으로도 더 이상 분리되지 않는 자기만의 특성을 지닌 인간을 육성하는 일과 밀접한 관련이 있다. 개인이 유일성, 독특성, 개성을 추구하고 실현하는 일은 중요하지만 개인을 둘러싼 공동체, 즉 국가의 안녕과 발전의 굳건한 토대가 없는 개성 실현이란 사상누각과도 같이 의미가 없다. 딜타이는 개인의 만족과 전체적 유용성을 힘주어 말한다.

> "개인이 위의 모든 능력을 갖추고 세상에 당당히 등장하여, 자신의 힘의 척도에 따라 올바른 곳에서 자신의 만족과 전체의 유용성을 위하여 이러한 문화와 과제를 붙잡는 것, 이것이야말로 교육의 최고의 과제다."

개인적 차원에서의 교육의 발전은 국가와 민족적 차원에서의 발전과 궤를 같이한다. 이 점은 과거의 역사가 우리에게 주는 교훈 중의 하나다. 딜타이의 민족과 국가에 대한 강조가 독일 국민정신의 형성을 중요시했던 당시 시대 상황을 반영하고 있는 점은 분명하다. 대외적으로, 영국의 빅토리아 시대의 황금기와 프랑스의 나폴레옹 전성기에 맞서 오랜 지방분권에서 탈피해 점차 중앙집권 국가로서의 위상을 확립하고자 했던 독일의 노력은 국가정신과 민족정서를 강조하는 교육으로 나타났다. 프로이센의 프리드리히 대제는 부국강병의 수단으로서 한편에서 강력한 국가를, 다른 한편에서 학문 · 예술 · 교육의 진흥을 전면에 내세웠다. 딜타이의 국가와 민족에 대한 역설은 이러한 시대 상황을 근간으로 하고 있다. 딜타이가 시 · 문학 · 예술 · 철학 등을 통해서 독일정신을 발굴하고, 경우에 따라서는 추앙하고 있는 것도 이러한 맥락에서 이해가 가능하다. 하지만 철학자 니체와 음악가 바그너의 경우처럼 독일정신의 지나친 강조가 후일 히틀러 국가사회주의에 의해 오용된 점을 감안해 본다면, 딜타이 교육학의 민족적 혹은 국가적 특성은 비판적 관점에서 수용되지 않으면 안 된다.

사회-문화적 교육학

딜타이는 교육을 사회적 기능을 지닌 것으로 보고 있다. 교육은 수업을 통하여 성장 세대의 미래의 존재 설정에 이중적으로 관여한다. 교육은 인간을 한편으로는 건전한 인격과 개성을 지닌 개인으로, 다른 한편으로는 최상의 능력과 유용성을 지닌 사회 구성원으로 길러야 하는 과업을 안고 있다. 적어도 18세기의 교육학적 상황을 조망해 볼 때, 개성적 인간의 도야를 강조하는 도야(Bildung)의 이념과 사회 및 공동체 일원으로서의 의무와 역할을 강조하는 시민 교육은 서로 대립의 양상을 보이고 있었다. 전자가 루소와 칸트의 교육적 이상이었던 반면, 후자는 다분히 공리주의적 입장에 가까웠다. 딜타이는 양자의 입장을 비판적 견지에서 검토한 후 변화된 산업사회에 적합한 교육의 방향성을 모색한다. 그 관점은 오늘날 이미 우리에게는 당연한 사안이 되었지만, 개인의 자아실현과 사회적 공헌의 접점을 '직업'에서 찾고 있다.

딜타이의 교육학은 문화교육학이다. '문화'라는 개념은 오늘날 복잡다기한 의미를 함축하고 있지만, 정신과학에서는 인간의 정신 구조와 정신 자체를 이해하기 위한 핵심어다. 인간 · 사회 · 역사의 이해를 목적으로 하는 정신과학 방법론으로서의 해석학은 정신의 근간이 되는 인격과 문화재를 이해하는 데 그 궁극적 과제가 있다. 딜타이 해석학의 기본 도식인 삶 · 표현 · 이해의 구도에서 문화재는 삶의 표현의 산물에 해당된다. 인간의 삶을 이해하기 위해서는 인간이 직접 혹은 간접적으로 산출한 문화를 파악해야 한다. 교육학적인 면에서 볼 때 우리가 파악하고자 하는 문화재는 학교와 같은 교육기관은 물론 수업 교재, 교과서, 수업 자료, 시청각 매체, 행정 문서 등의 텍스트가 모두 포함된다.

딜타이 학파의 한 사람인 슈프랑거(E. Spranger)는 딜타이의 문화에 대한 사고를 발전시켜 다양한 관점에서 문화교육학(Kulturpädagogik)을 발전시켰다. 그에 따르면 교육이란 문화의 계승 및 전파와 다름없다. 인류의 발전은 이전 세대의 문화적 유산을 후대에 잘 전승할 때 가능하다. 슈프랑거의 용어를 빌리자면, '문화 번식'은 문화의 창조 · 육성 · 번성 · 전파와 같은 일련의 과정을 포함하고 있다. 교육에서 길러주어야 할 중요한 능력은 이 과정에서 교육 주체의 문화적 전승과 재창조 능력이다. 이전 세대의 문화를 단순히 수동적으로 받아들이는 것이 아니라 비판적으로 수용하여 더 나은 미래를 창출하는 일이 중요하다. 슈프랑거는 《청년심리학》에서 정신의 발달 단계에 따른 교육의 단계를 기초 도야, 직업 도야, 고차적 도야로 구분하여 설명하고 있다. 인간의 문화 능력은 국민이 기본적으로 갖추어야 할 요소를 교육하는 국민교육과 지역사회에 대한 풍부한 이해를 가능하게 하는 향토교육을 바탕으로 하여, 특정한 분야에서 자신의 능력을 최상으로 발휘할 수 있는 전문교육으로 나아가고, 궁극적으로는 자신의 삶과 세계에 대한 일반적 인식이 가능한 보편적 단계로 승화되어야 한다.

역사-체계적 교육학

딜타이 교육학은 역사적 교육학이다. 역사는 오직 인간의 역사다. 유한한 존재로서 인간은 살아가면서 이 세계에 다양한 발자취를 남기게 된다. 인간에 대한 이해는 인간이 남긴 흔적과 발자취를 더듬어가는 과정이다. 그 족적을 추적해 가는 방법은 실로 다양하다. 경험적으로 과거에 일어난 일들을 실증적으로 연구해 볼 수 있다. 여기서 있는 그대로의 사실과 진위 여부 판명은 그러한 작업의 기초에 속한다. 또한 인간 삶의 역사를 하나의 텍스트로 간주하여 해석해 나갈 수도 있다. 이때 텍스트는 비단 개인의 소소한 역사뿐만 아니라 학교나 교육기관의 문서 · 기록물은 물론 사회기관이나 국가의 문화재 · 사료(史料) · 기록물 등도 모두 포함될 수 있다.

장구한 교육의 역사에서 인간과 교육을 이해할 때 발견할 수 있는 중요한 사실은 다음과 같다. 삶은 언제, 어디서나 공통성을 가지고 있다는 것이다. 그 공통성, 즉 시대와 장소를 초월하여 인간 존재에 공통적으로 내재되어 있는 점은 인간이 사고, 의지, 감정을 지닌 유한한 존재라는 사실이다. 고대 그리스인과 로마인, 아메리카 인디언, 아프리카 원주민, 북극 지역의 에스키모인을 막론하고 시대와 장소를 넘어 우리가 인간의 삶을 이해할 수 있는 것은 인간 삶에 공통적으로 깃들어 있는 정신 구조의 유사성 때문이다. 다른 한편 인간은 공통성, 유사성, 보편성과 아울러 성, 인종, 민족, 종교, 국가에 따라 각기 다른 특수성을 지니고 있다. 역사의 전개 과정 안에서 인간은 미시적으로는 개인의 특유성에서, 거시적으로는 민족의 고유성 · 국민성에 이르기까지 존재의 고유한 특성을 발전시켜 왔다. 역사의 도도한 흐름 속에서 성공한 개인, 민족, 국가는 빼어난 의지와 남다른 민족적 에토스를 가지고 있었다. 개인적 능력과 국가적 힘을 최상으로 끌어올려 시대와 지역의 주인으로 당당하게 설 수 있었을 뿐만 아니라 후세대의 모범과 귀감이 될 만한 위상을 확고하게 마련했다.

그렇다고 해서 어떤 개인이나 국가가 탄탄대로의 장밋빛 성공만을 부여받는 것은 아니다. 역사에는 항상 흥망성쇠(興亡盛衰)가 뒤따르게 마련이며, 어느 개인이나 민족도 지속적인 부침을 겪는다. 한 시대를 풍미하던 나폴레옹도, 천하를 호령하던 대로마제국도 그 전성기를 지난 후 역사의 뒤안길로 쓸쓸하게 사라지고 말았다는 사실을 우리는 분명하게 기억하고 있다. 이 점에서 역사는 교훈적이다. 그 이유는 역사가 과거의 잘못을 인식하도록 일깨워 주며, 이러한 실수를 두 번 다시 반복하지 않도록 우리에게 일침을 주는 까닭이다. 역사는 가령 그리스와 로마의 찬란한 문화를 가능하게 했던 동인이 무엇이며, 그 시대의 사회 · 문화적 배경이 어떠했는지를 알려준다. 특히 그 시대를 쇠망으로 몰고 간 근본적인 원인을 깨닫게 하여 우리가 실수와 과오에서 벗어날 수 있는 계기를 마련해 준다. 이러한 역사의 중요성을 감안해 볼 때 교육에 종사하는 사람들에게 역사의식을 올바로 세워주는 일은 매우 중요하다. 딜타이의 영향을 받은 리트(T. Litt)는 일찍이 모든 교사는 '역사적 현주소에 대한 명확한 인식'을 가져야 한다고 역설했다.

이러한 역사적 분석과 함께 딜타이는 교육학에 체계성

을 부여하고자 했다. 근대의 교육학은 코메니우스에서 발원하여 헤르바르트(Herbart)에 의해서 학문적으로 완성되었다. 하지만 이들의 교육학은 이론에서 연역된 규범적 교육학이었다. 교육의 실천에서 우러나온 것이 아닌 순수한 사변에서 도출된 것이다. 이들은 18세기 교육학의 일반적 경향성을 벗어나지 못하고 있다. 즉 이들은 교육의 목적을 인습적으로 철학(윤리학)에서, 교육의 방법을 아동의 심리 상태를 파악하기 위한 방편으로서의 심리학에서 찾고자 했던 것이다. 딜타이는 이러한 경향성에서 탈피하여 학문 이전의 교육 실제에 녹아 있는 교육현실(Erziehungswirklichkeit)을 바탕으로 새로운 유형의 교육학 체계를 세우고자 했다. 물론 딜타이 이전에 그의 정신적 스승인 슐라이어마허는 교육이론에 앞선 실천의 위엄(Dignität der Praxis)을 강조하며 실천에 입각한 교육학을 정립하려고 시도했다. 이러한 생각을 바탕으로 딜타이는 교육현실의 배후에 작용하는 다양한 힘들을 파악함으로써 교육을 체계적으로 이해하고자 했다.

이와 같은 교육학의 관점에 대한 방향 전환은 딜타이의 다음 물음과 직접적인 관련이 있다. 즉, 보편타당한 교육학은 가능한가? 이에 대한 딜타이의 답변은 자명하다. 언제, 어디서나 보편타당한 교육학은 가능하지 않다. 왜냐하면 인간 자체가 역사적 존재로서 항상 변화의 중심축에 서 있듯이, 인간이 창조한 교육제도와 교육이념들 또한 부단히 변화하며 시대적 제약을 받기 때문이다. 교육의 목적으로부터 연역된 헤르바르트의 일반교육학도, 사회 구성원 모두의 이익에 부합하는 스펜서(Spencer)의 공리주의적 교육학도 일정한 한계에 머무를 수밖에 없었던 것은, 그러한 교육학이 엄연히 살아 있는 교육현실을 고려하지 않은 채 섣부른 체계화와 이론화의 덫에 빠져버렸기 때문이다. 딜타이는 교육학의 올바른 체계를 확립하기 위해서는 우선 교육 받는 대상의 정신적 구조에 대한 이해를 바탕으로 해야 한다고 본다. 즉 인간의 사고와 기억, 지성과 논리, 의지와 주의 집중, 판단력 그리고 기분과 정서, 욕구와 욕망 등에 대한 특성을 경험적 · 분석적으로 파악해야 함은 물론, 개인이 사회 및 문화 구조에 미치는 영향과 생성된 구조가 다시 개인에게 미치는 상호작용의 기제를 총체적으로 파악해야 한다는 것이다. 그리하여 교육현실에서 이론화 작업으로 나아가고 잠정적으로 형성된 이론으로부터 교육현실을 분석하여, 점차 설득력 있는 교육학의 체계가 세워질 수 있는 것이다.

이 책에 대하여

이 책은 빌헬름 딜타이의 전집 제9권《교육학 : 역사와 기초 개요(Pädagogik: Geschichte und Grundlinien des Systems)》에서 1~90쪽까지의 내용을 번역한 것이다. 이 책은 독일의 토이프너(B. G. Teubner) 출판사에서 간행되었고, 초판은 1933년에 간행되었다. 번역에 사용된 책의 출판 연도는 1960년, 판본은 제3판에 해당된다. 원전은 연대기로 서술된 교육사의 내용을 담고 있다. 이 책에서는 처음 부분부터 로마제국 시기의 교육사상가에 대한 부분까지 순차적으로 발췌했다. 딜타이 전집 제9권은 총 240쪽에 달하며, 이 책에 번역된 분량이 90쪽이므로 발췌 비율은 약 37%다. 발췌 번역이지만 원전의 의미를 최대한 살리려고 노력했다.

원본의 전체 내용 가운데 이 책에서 중점적으로 다루고 있는 고대 그리스와 로마 교육의 주요 내용과 배경을 개괄하면 다음과 같다.

오늘날 유럽문화의 원형을 이루고 있는 문화는 헬레니즘과 헤브라이즘이다. 그중에서도 교육사적으로 볼 때 서양문화를 구성하는 원류 중 하나로 꼽을 수 있는 것이 고대 그리스 도시국가에 바탕을 두고 있는 헬레니즘 문화다. 모든 철학이 플라톤에서 발원하는 것처럼 오늘날의 모든 서양문화는 그리스에 그 시원(始原)을 두고 있다고 해도 과언이 아니다. 르네상스기의 인문주의자들이나 그 이후의 신인문주의자들이 교육적 이상으로 삼았던 것은 고대 그리스 정신이었으며, 역사적 질곡으로부터 이들은 언제나 돌아가야 할 '마음의 고향'으로 고대 그리스를 동경해 마지않았다.

그리스 문화는 인문주의와 자유교양 교육의 특성을 지니고 있다. 이러한 특성은 군국주의적이었던 스파르타보다 비교적 자유로웠던 아테네의 전통에서 찾을 수 있다. '파이데이아(paideia)'에서 우리는 그리스 교육의 인본주의적 특성을 엿볼 수 있다. 그리스인들은 건강한 신체와 건전한 정신의 조화 및 균형을 추구했으며, 아름답고 선한 인간이 되고자 했다. 관조적 삶 속에서 문학과 학문, 음악과 예술을 즐기고 숭상했다. 그리스 시대의 문화적 창조는 그 깊이와 넓이에서 타 시대의 추종을 불허할 만한 탁월성을 지니고 있다.

그리스 교육은 도시국가인 폴리스(Polis)에 바탕을 두고 있다. 기원전 9~8세기부터 등장하는 폴리스는 모든 시민이 운영하는 정치 · 군사 · 교육 공동체다. 폴리스는 진정한 의미의 교육공동체로 볼 수 있는데, 그 이유는 도시국가를 통하여, 즉 폴리스를 위한 교육적 관계에서 참다운 시민이 태어날 수 있었기 때문이다. 그리스의 폴리스는 개인과 동일시될 만큼 공동체적 성격을 갖고 있다. 따라서 폴리스가 갖는 윤리는 절대적 가치를 지니면서, 동시에 모든 시민들의 삶에 목적과 방향을 부여해 주는 초개인적 특징을 보여준다.

그렇다면 그리스의 대문호였던 호메로스(Homeros) 시대부터 이어지는 그리스 교육의 전통은 무엇인가? 그것은 폴리스적 삶에 의한 교육, 다시 말하면 공공성 또는 시민의식을 지닌 유용한 시민을 기르는 것이다. 다른 한편 폴리스 자체를 위한 교육을 들 수 있는데, 여기서 중요한 것은 여가를 통하여 삶의 질을 고양하는 것이다. 아테네 초기에 이러한 교육의 두 가지 측면이 상호 결합되면서 철저하게 국가중심 교육이 시행되었다.

그리스 교육이 심신의 조화와 균형을 추구했고, 착하고 아름다운 인간을 기르는 데 궁극적 목적이 있었기 때문에 그에 상응하는 학교가 필연적으로 요구되었다. 신체적 도야를 중시했던 고대 그리스 올림픽도 이러한 학교의 발전에 적지 않은 기여를 한 것으로 보인다. 서양교육사상을 돌이켜볼 때 고대 그리스에서 최초로 등장한 학교는 바로 음악학교와 체조학교다. 이들 학교의 이상은 지적 · 심미적 · 신체적 조화를 갖춘 인간을 기르는 것이었다. 호메로스 시대의 이상적 인간상은 무사와 영웅에서 그리스 융성기의 선미인(善美人)으로 발전되고, 나중에 로마 시대의 연설가와 이를 계승하려는 르네상스의 인문주의 전통으로 이어진다.

여러 도시국가 가운데 고대 그리스 교육의 전형(典型)을 보여주는 것은 아테네다. 페르시아 전쟁 이후 정치적 · 경제적 변화를 겪으며, 아테네의 종전의 국가중심 교육은 크게 약화되었다. 이와 더불어 등장한 사람들이 소피스트(Sophist)다. 이들의 주된 관심은 아테네 청년들의 정치적 출세욕에 부응하여 새로운 인간을 형성하는 교육에 있었다. 여기서 종전의 국가중심 교육에서 벗어나 개인의 목적을 합리적으로 추구할 수 있는 새로운 인간형, 즉 주지주의적 도야인이 등장하게 되었다. 이를 위해 교육 목적, 교육과정, 교수방법 등에서 새로운 전환을 이뤄낸 사람들이 소피스트였다. 이들은 기원전 6세기경부터 사용해 오던 훈련, 교육, 도야라는 의미의 '파이데이아(paideia)'라는 용어를 확대하여 일반적 · 포괄적 교육을 뜻하는 '엔키클리오스 파이데이아(enkyklios paideia)'라는 개념을 만들어냈다. 이들에 의해 고대 교양교육의 체계가 이루어진 셈이다. 이 시기 대표적인 사상가로는 플라톤의 철학적 도야에 맞서 수사학적 도야를 강조한 이소크라테스(Isocrates, BC 436~BC 338)를 꼽을 수 있다.

고대 그리스 교육의 가장 큰 특징은 소피스트와 소크라테스(Socrates, BC 469~BC 399)의 사상을 대비시킬 때 극명하게 드러난다. 소피스트는 일군의 상대주의 철학자 집단을 일컫는 말이다. 소피스트는 그리스 초기의 자연철학적 경향에 대해 '인간은 만물의 척도'라는 주장을 내세우면서 철학의 관심을 자연에서 인간으로 전환시키는 획기적인 계기를 마련했다. 당시 그리스 청년들은 정치가, 연설가로 진출하는 것을 인생의 목적으로 삼았기 때문에 그 수단이 되는 지식, 즉 변론술 · 수사학 · 연설술 등을 전수받는 데 주력했다. '현자'로 불리며 이러한 지식을 마음대로 다룰 수 있었던 소피스트의 가치는 당연히 치솟을 수밖에 없었다. 하지만 소피스트 교육은 다분히 출세 위주의 입신양명(立身揚名)에 그 목적을 두었으므로 자체의 한계를 지닐 수밖에 없었다. 소피스트에 맞서 아테네의 젊은이들을 올바른 길로 인도하고, 인생의 참의미를 깨닫게 해주기 위해서 등장한 인물이 바로 소크라테스다.

"너 자신을 알라." 델포이 신탁에 씌어 있는 이 문구에서 소크라테스는 커다란 깨달음을 얻게 되었고, 평생의 신조로 삼았다. 이 말의 정확한 의미는 '너 자신이 모르고 있다는 것을 알라'다. 즉 무지의 자각에 대한 외침인 것이다. 이는 앎의 과정에서 갖게 될 수 있는 현학적인 자세를 경계하고, 만용에 빠져서는 안 된다는 경구이기도 하다. 벼가 익을수록 고개를 숙이듯 겸양의 미덕이 필요하다는 것이다. 무지의 자각을 위해 소크라테스는 '산파술'이라는 대화법을 활용했다. 흔히 '소크라테스 방법'으로 알려진 이 문답법은 학습자의 가식과 무지에 일침을 놓음으로써 스스로 깨닫게 만드는 방법이다. 깨달음의 주체는 교사가 아니라 학습자 자신에 있다. 이것은 아이를 낳는 사람이 결국 산파가 아니라 산모인 것과 같은 이치나. 한 길음 더 나아가 이 경구는 아는 것은 반드시 실천에 옮겨야 한다는 실천의지를 포함하고 있다. 배울수록 더욱 겸허하고, 배운 것을 실천에 옮기는 일이야말로 교육의 가장 근본이 되는 것이다. 요컨대 소크라테스는 삶의 참의미를 탐구하고, 교육의 윤리적 측면을 숙고함으로써 인간교육의 원형을 남겨주었다.

이처럼 소크라테스는 소피스트들이 주장했던 상대주의적 지식관을 비판하고 지식의 절대성과 보편타당성을 수상했나. 그는 인간이 본래 진리의 싹을 갖고 있기 때문에 산파법, 대화법, 변증법을 통해서 그것을 획득할 수 있다고 보았다. 소크라테스가 말하는 무지의 자각으로 얻어진 참된 지식(진리)은 소피스트가 강조한 잡다한 지식과 다르다. 즉 소크라테스의 지식과 진리는 언제나 실천적인 삶을 형성하는 힘이다. 토론이나 회의를 통해 배워야 하는 대화적인 지식은 공동체를 형성하는 힘으로 작용한다. 또한 소크라테스는 무지하면 덕을 행할 수 없다고 보고, 지식을 덕과 동일시하는 지행합일설(知行合一說)을 주장했다.

플라톤은 소크라테스의 영향을 받아 지적·도덕적 상대주의에 저항했고, 보편타당한 개념을 통해 자신의 인식론과 형이상학을 정립했다. 그는《국가》에서 서양 최초로 체계적인 교육사상을 제시했다. 그의 인간관에 따르면 인간은 육체와 영혼이 결합된 존재다. 영혼은 지성, 욕망, 기개(氣概) 등으로 이루어진다. 여기서 지성과 관련된 이성적 부분으로 나머지 욕망과 기개에 해당하는 부분들을 통제하고 조절하는 인간이 이상적 인간이다. 이러한 생각은 그대로 국가관으로 연결된다. 이성의 영혼은 통치자, 욕망의 영혼은 생산자, 기개의 영혼은 군인에 해당된다. 이성적 인간이 통치할 때 이상적 국가가 된다. 이 세 계층의 조화로운 상태가 곧 '정의(正義)'다. 여기서 통치자는 나머지 계층을 지배하고 협력하게 하는 가장 중요한 역할을 수행한다. 플라톤의 교육론은 통치자에게 집중되어 있다.

이를 가리켜 엘리트주의, 국가중심주의 교육론이라고 말한다. 또 하나 중요한 개념은 플라톤의 '동굴의 비유'에서 등장하는 파이데이아 개념이다. 통치자는 동굴에 갇힌 채 편견에 사로잡힌 인간을 진리의 세계, 즉 이데아의 세계로 인도할 책무가 있다. 여기서 파이데이아는 해방, 인도, 강제, 길의 안내 등을 의미한다. 그리스의 파이데이아 개념은 교육의 핵심 개념으로 로마의 후마니타스(humanitas), 근대의 자유교육과 일반교육의 초석이 된다.

이상주의자인 플라톤이 모든 사물과 별도로 존재하는 이데아에서 실재를 찾았다면, 현실주의자인 아리스토텔레스는 개별적 사물에서 실재를 찾는다. 아리스토텔레스는 '덕(virtue)' 교육론자로도 널리 알려져 있다. 그의 《니코마코스 윤리학》에서 '덕(德)'은 기능과 밀접하게 관련된다. 예를 들어 칼, 톱, 배 등의 기능을 생각해 볼 수 있다. 칼은 사물을 잘 자르는 데서, 톱은 나무를 잘 베는 데서, 배는 사람이나 물건을 잘 실어 나르는 데서 그 기능을 온전히 발휘한다. 그와 마찬가지로 사람의 경우에는 특정 분야에서 기능을 잘 발휘하는 것이 덕이다.

이렇듯 덕은 사회적 역할 수행과 밀접한 관련이 있다. 가령 무사(武士)나 정치가의 기능은 후천적으로 획득된 어떤 성향과 관련된다. 다른 관점에서 볼 때 덕은 '중용을 선택하려는 성향'과 같은 성품을 의미하기도 한다. 덕 있는 사람이란 바로 그러한 성향이 잘 발달된 사람을 말한다. 그리고 인간에게는 여타의 생물과 다르게 이성이 있다. 이성적 원리에 따라 정신적 기능을 잘 수행하는 사람이 바로 유덕한 사람이다. 이러한 삶이 행복한 삶이며, 좋은 삶이다. 인간으로서는 훌륭한 인격자가 됨을 의미한다. 아리스토텔레스의 교육론에서 기본적인 것은 덕 있는 사람이 되는 것이다. 이를 토대로 여가와 관조적 삶을 통해서 인생의 질을 한층 고양시킬 수 있다.

플라톤의 교육론이 이상국가 건설을 위한 유용한 시민의 양성에 초점을 둔 반면, 아리스토텔레스는 '행복', '중용', '덕', '이성'과 같은 개념을 교육적 논의에 끌어들임으로써 교육의 차원을 한 단계 승화시켰다고 볼 수 있다. 실제 교육의 측면에서도 플라톤이 주로 서구 최초의 대학으로 불리는 아카데미아(Academia)에서 고차원적 교육을 시행한 반면, 아리스토텔레스는 일종의 철학학교인 리케이온(Lykeion)에서 제자들과 주로 산책을 하면서 철학을 발전시켰으며, 그런 이유로 인해 '소요학파'라는 별명을 얻기도 했다.

서양문화의 또 다른 원류는 로마적 기풍이다. 그리스 문화가 화려하고 심미적인 데 비해, 로마 문화는 강건하고 실용적이며, 단순미가 있다. 고대 그리스가 문학 · 학문 · 예술 · 철학에서 탁월성을 보인 반면, 고대 로마는 법률 · 건축 · 도로와 같은 실용적인 면에서 우수성을 보였다. 로마인은 그리스인과 같은 심미적 감각이나 창의적 조형 능력은 지니고 있지 않았지만, 발전된 문화를 모방하고, 다른 이질적 문화와 쉽게 동화할 수 있는 능력을 갖추고 있었다. 대로마제국은 자신의 문화적 특징을 바탕으로 그리스의 화려한 문화를 수용 · 모방하여 자기들의 고유한 문화로 발전시켰을 뿐만 아니라 정복민의 문화에 흡수 · 동화될 수 있었던 로마정신을 기반으로 탄생할 수 있었다.

그리스 반도의 패권이 로마로 옮겨 감에 따라 그리스식 교육은 더 이상 지속될 수 없었다. 하지만 학식 있는 그리스인들이 로마의 부유층 가정교사로 유입되어 그리스식 전통을 이어갔다. 문화가 취약했던 로마는 점차 그리스 문화에 동화되었다. 로마는 그리스 영토를 완전히 점령했지만 문화와 교육은 오히려 그리스에 점령당하고 말았다.

로마의 교육은 크게 초기 공화정 시대와 후기 제정 시대의 교육으로 나누어볼 수 있다. 초기의 로마 교육은 대부분 가정에서 이루어졌다. 가정교육의 보조 수단으로 놀이, 심심풀이라는 뜻을 가진 루두스(Ludus)가 있었던 것으로 추정된다. 어머니로부터는 주로 양육을 통한 훈육을, 아버지로부터는 생활 및 시민적 자질과 관련된 지적 교육을 받았다. 교육에서 아버지의 힘은 절대적이어서 자식의 양육 및 교육권은 물론이거니와 생명권까지 손아귀에 쥐고 있을 정도였다. 소년기부터 아버지를 따라다니면서 사교와 공론장에서의 예절 등을 몸소 익혔다.

후기의 로마 교육은 5현제[21] 시대에 절정기를 맞았고, 적극적인 장학 정책의 결과로 발전된 학교 제도가 정착되었다. 이 시기에 초등교육 제도에 해당하는 루두스, 중등교육 제도인 문법학교, 전문인을 양성하는 수사학교, 통치자 교육을 위한 철학학교가 있었다. 특히 고등교육을 받기 위한 예비 과정으로 7자유 교과(septem artes liberales)가 부과되었다. 자유교양 교육의 기초로 부과된 7개의 교육과정은 문법, 수사학, 논리학, 산수, 기하학, 천문학, 음악 등이다. 수사학교는 로마 시대의 이상적 인물인 연설가를 양성하는 학교로 정계에 입문하려는 사람이 입학했다. 수사학교에서는 수사학과 연설술을 주로 가르쳤다. 수사학은 말 혹은 대화의 기술을 가르치는 학문이

21) 5현제 : 로마 전성시대 5명의 명군으로 네르바, 트라야누스, 하드리아누스, 안토니누스 피우스, 마르쿠스 아우렐리우스를 말함.

었고, 연설술은 말로 대중을 설득하는 데 중요한 역할을 했다. 철학학교에서는 윤리학이 강조되었으며, 법률학의 전문적 교양 또한 유능한 인간의 필수 조건으로 간주되었다.

이 시기의 대표적인 교육사상가로는 키케로(Marcus Tullius Cicero, BC 106~BC 43)와 퀸틸리아누스(Marcus Fabius Quintilianus, 35?~96?)를 들 수 있다. 로마 시대의 연설가이자 정치가였던 키케로는 그리스의 영향을 받은 로마 시대의 대표적 교육사상가다. 자신의 저서 《연설가론》에서 교육의 목적을 인문주의적 교양을 지닌 연설가의 육성에서 찾았다. 그는 그리스 교육 전통을 이어받아 교육을 통한 덕과 행복의 실현을 강조했다. 이상적인 교육적 인간상으로 연설가를 제시하고 연설가 양성에 관한 체계적인 학설을 전개했다. 연설가, 즉 교육받은 인간이 되기 위해서는 선천적인 소질, 교육과 훈련, 풍부한 지식과 유창한 언변을 갖추어야 한다. 키케로의 문장은 수려하고 탁월했으므로 후대 인문주의자들의 동경과 모방의 대상이 되었다. 르네상스기 인문주의자들은 로마의 키케로를 모방하고자 열을 올렸는데, 나중에 인문정신은 사라진 채 문장의 형식과 문체만을 모방한 나머지 형식주의자라는 오명을 얻게 되었다. '키케로주의'라는 용어가 형식적 모방주의라는 부정적 의미를 지니게 된 것은 이런 배경에 그 원인이 있다.

퀸틸리아누스는 국가의 봉급을 받은 최초의 교사로 알려져 있다. 대표적 저술인 《연설가론》은 인문주의자들에게 커다란 영향을 주었다. 그는 인격 형성의 기초가 되는 가정교육과 함께 공적인 학교교육 체제를 강조했다. 학교는 특히 학생들의 경쟁심을 자극하고, 교우들과 우정을 쌓을 수 있으며, 공동체 생활에 익숙하게 해준다는 이점이 있다고 보았다. 그는 연설가의 자질로서 도덕적 인격을 최우선으로 하고, 연설가는 선한 사람이 되어야 한다고 했다. 그의 교육사적 공로는 무엇보다도 체벌의 적극적 반대에서 찾을 수 있다. 체벌은 인간의 심성을 어둡게 하고, 교사의 무능력을 드러내는 것으로 보았고, 말이나 대화로써 문제를 풀어가야 한다고 역설했다. 교육에 관여하는 부모와 교사, 그리고 미래의 교사들이 체벌의 문제를 피할 수 없는 상황에서 그의 이성적이고 냉철한 '체벌반대론'은 현대의 교육에서도 음미해 볼 만한 충분한 가치가 있다.

끝으로 이 책이 나오기까지 관심과 지원을 아끼지 않았던 분들께 고마운 마음을 전하고자 한다. 정년이 지나신 후에도 여전히 왕성한 학문적 열정을 불태우시며 늘 따

뜻하게 제자를 격려해 주시는 마이너트 마이어 교수님과 그의 쌍둥이 동생으로 필자에게 딜타이 전집을 선물하며 한국어 번역을 독려해 주셨던 힐버트 마이어 교수님께 진심으로 감사의 말씀을 드린다. 건강상의 이유로 출간 약속을 지킬 수 없었던 필자에게 쾌유를 빌며 묵묵히 인내로 기다려준 지식을만드는지식에도 이 자리를 빌려 다시금 고마운 마음을 전한다.

지은이에 대해

빌헬름 딜타이는 1833년 11월 19일 목사의 아들로 비스바덴 주의 소도시 비브리히에서 태어났다. 아버지의 권유에 따라 신학을 택했으나 칸트, 레싱, 게르비누스의 철학과 역사에 관심을 갖게 되었다. 대학에서는 교회사, 원시 기독교에 대해 관심을 가졌으며 그의 스승인 트렌델렌부르크에게서 플라톤과 아리스토텔레스를, 뵈크에게서는 문헌학을 수강했다. 신학 분야 국가시험을 수석으로 통과했으나 학문의 지속과 생활의 안정을 위하여 김나지움 교사로 진로를 바꾸게 되었다. 1859년 슐라이어마허 재단의 현상 논문에 선정되면서 교사직을 사임하고 본격적으로 해석학과 철학 연구에 몰두하게 된다. 그 후 해석학, 철학, 윤리학에 관해 계속적으로 연구한 결과, 1864년 딜타이는 〈슐라이어마허의 윤리학에 관한 연구〉로 박사학위를 취득했고, 1865년 〈도덕의식의 분석 시도〉라는 연구로 교수 자격을 얻었다.

대학교수로서 첫발을 내디딘 것은 1866년 스위스 바젤 대학교에서였다. 이후 킬대학교와 브레슬라우대학교를 거쳐 1882년 헤르만 로체의 후임으로 베를린대학교에서 교수직을 수행했다. 1883년 《정신과학 입문》을 출간하면서 학문적으로 가장 성숙한 시기를 맞게 된 딜타이는 브레슬라우 시절부터 교제해 오던 요르크 백작(Grafen Yorck)과의 우정을 더욱 돈독히 하게 되었다. 새로운 학문으로서 정신과학을 기획함으로써 딜타이는 철학을 '역사이성비판'의 학문으로 정립하고자 했다. 나아가 역사적 세계에 대한 학문들의 이론, 사회적 체계와 그것의 연구에 대한 이론을 총체적으로 정립하고자 했다. 칸트, 헤겔, 슐라이어마허를 넘어 딜타이는 진정한 계몽이 역사적 이성으로 완성된다는 생각을 품고 있었다.

딜타이가 가장 강조했던 부분은 삶이 바로 그 자체로부터 이해되어야 한다는 것이다. 인간의 삶은 하나의 이해 대상으로서 지각되거나 이해될 수 있고 규정할 수 있다는 것이다. 인간의 삶에 관한 학문으로서 정신과학은 삶의 자기 이해를 확장하고 심화하는 것 그 이상도 그 이하도 아니다. 이해와, 이해를 토대로 성립된 학문의 원천은 바로 내적 경험에 있다. 그 경험이란 나 자신의 고유한 삶의 연관에서 나오며, 인이의 전승을 매개로 역사적으로 형성된 그런 경험을 의미한다. 이런 전제하에서 딜타이는 인간의 삶이 전통 철학에서 말하는 이성(Vernunft)에 의해서만 활성화되는 것이 아니라는 점을 분명히 밝히고 있다. 감성, 기분, 정서와 같은 요소들이 오히려 '원하고, 느끼는' 인간 존재의 본질 규명에 더 부합한다는 것이다. 딜타이의 창작 활동이 이성적 학문인 철학에 국한되지 않고, 예술 · 시학 · 음악에까지 두루 미치고 있는 점은 인간의 삶을 총체적으로 파악해야 한다는 그의 철학적 신념에서 비롯된 것이다. 이런 맥락에서 딜타이의 정신과학이 왜 '삶의 철학'으로 명명되었는지를 알 수 있다.

딜타이가 베를린대학교에 정착한 후의 삶을 살펴보면 학자로서의 학문적 강의와 저술 이외에 특이한 점은 보이지 않는다. 다만 1887년 베를린학술원 회원으로 임명된 후 칸트 전집의 출간에 공헌했다는 점이 눈에 띈다. 이후 딜타이의 대표적인 저술로는 1906년《체험과 문학》, 1907년 《철학의 본질》, 1910년《정신과학에서 정신세계의 구축》 등을 꼽을 수 있다. 딜타이는 1911년 10월 1일 루르 강 인근 남티롤 지방의 소도시 자이스에서 생을 마감했다.

옮긴이에 대해

손승남은 1963년 전남 화순에서 태어나 1990년 전남대학교 사범대학교 교육학과를 졸업한 후 독일로 건너가 뮌스터대학교에서 주전공으로 교육학을, 부전공으로 철학과 사회학을 공부했다. 교육학의 학문적 근원을 탐구하던 중 정신과학적 교육학의 커다란 흐름과 접하면서 슐라이어마허와 딜타이의 사상에 심취하게 되었다. 특히 정신과학의 정초와 관련된 딜타이의 문제의식은 교육의 실증주의화에 대한 반성과 비판의 계기를 주었다. 인간 삶의 문제를 다루는 학문, 즉 정신과학이 단순히 계량적 방법에 의하여 '설명'되어서는 안 되며 '이해'되어야 한다는 딜타이의 명제는 적지 않은 공명을 남겼다.

정신과학의 방법론으로서의 해석학에 대한 관심을 갖게 된 계기도 바로 여기서 찾을 수 있다. 이후 슐라이어마허, 딜타이, 하이데거, 가다머, 하버마스를 축으로 삼아 해석학의 흐름에 대한 이해 지평을 꾸준히 넓혀 왔다. 필자의 주 전공이 교육철학인 탓에 철학적 해석학과 교육의 관련성에 초점을 두고 이제까지 연구를 진행해 온 편이다.

독일에서 단행본으로 출간된 박사 학위 논문 〈빌헬름 딜타이-교육학적 전기 연구〉(1997)에서는 해석학의 방법의 하나로 전기와 자서전에 초점을 두고 딜타이를 새롭게 조명하고 있다. 논문 〈딜타이의 슐라이어마허의 삶에 관한 연구〉(1997)에서는 해석학적 전기 연구의 사례를 생생하게 보여 주고 있다. 주저 《교육해석학》(2004)에서는 해석학과 교육에 대한 관계를 체계적으로 서술하기 위하여 딜타이와 가다머의 해석학을 집중 조명하는 것은 물론 해석학의 발전된 형태인 전기 연구와 자서전 연구에 대해서 소개하고 있다. 아울러 해석학의 실제 적용이라는 관점에서 교육적 인간상으로서의 '신지식인' 문제, 미래의 교육 내용으로서 '시대적 핵심 문제' 등에 관한 해석학적 접근을 시도하고 있다. 가다머 최후의 교육 관련 강연집인 《Erziehung ist sich erziehen》(2000)을 우리말로 번역하여 《교육은 자기 교육이다》(2004)로 펴내기도 했다. 그동안 지식을만드는지식에서 《해석학의 탄생》(2008)과 《딜타이 교육학 선집》(2008)을 번역·출간했고, 최근에는 《뉴노멀 시대의 마음공부》(2021)와 《교양교육의 개혁과 전망》(2022) 등을 출간했다.

원서발췌 고대 그리스와 로마의 교육

지은이 빌헬름 딜타이
옮긴이 손승남
펴낸이 박영률

초판 1쇄 펴낸날 2012년 3월 12일
개정1판 1쇄 펴낸날 2025년 11월 20일

지식을만드는지식
출판등록 제313-2007-000166호(2007년 8월 17일)
02880 서울시 성북구 성북로 5-11
전화 (02) 7474 001, 팩스 (02) 736 5047
commbooks@commbooks.com
www.commbooks.com

지식을만드는지식은
커뮤니케이션북스(주)의 고전 출판 브랜드입니다.

ISBN 979-11-430-1478-8 03370

책값은 뒤표지에 있습니다.